使える
egg
たまご
〇
レシピ

柴田書店

egg

ほぼ毎日のように食卓に登場する卵。
安価なうえに日持ちもし、和・洋・中どんなジャンルの料理や
調理法ともなじみがいいのがその理由でしょう。
また栄養的にもすぐれ、色も美しく、
形も自由自在と、純粋に食材としても魅力的です。
本書では、和食、フレンチ、イタリアン、中華の
4人のシェフたちに、そんな卵を使った料理を多数ご紹介いただきました。
定番料理あり、プロならではのアイデア料理ありと盛りだくさんです。
毎日の食事作りはもちろん、
ちょっとしたおもてなしの際にも、ぜひお役立てください。

和	仏	伊	中

japanese	french	italian	chinese
分とく山	モルソー	パッソ ア パッソ	麻布長江 香福筵
野﨑洋光	秋元さくら	有馬邦明	田村亮介

オムレツ

オムレツ シンプルトマトソース プロヴァンスの香り（秋元） ………………………… 8
オムレツ チーズたっぷりのソース（秋元） …………………………………………… 10
マッシュルームとルコラのオムレツ（秋元） ………………………………………… 11
トマト入りオムレツ（有馬） …………………………………………………………… 12
ふわふわスフレオムレツ（秋元） ……………………………………………………… 13
野菜たっぷり地中海風オムレツ（有馬） ……………………………………………… 14
カリフラワーのオムレツ（有馬） ……………………………………………………… 15
きのことカマンベールのスパニッシュオムレツ（秋元） …………………………… 16

卵焼き

トマトとにらの卵焼き（野﨑） ………………………………………………………… 17
車麩入り卵焼き（野﨑） ………………………………………………………………… 18
カステラ玉子（野﨑） …………………………………………………………………… 19
卵春巻き（田村） ………………………………………………………………………… 20

スクランブルエッグ・卵炒め・卵とじ

ウッフブルイエ（秋元） ………………………………………………………………… 21
なすのラタトゥイユとスクランブルエッグ（秋元） ………………………………… 22
卵、トマト、アボカド炒め（田村） …………………………………………………… 23
エビタマ チリソース（田村） ………………………………………………………… 24
卵と黄にらの水炒め（田村） …………………………………………………………… 25
卵とほうれん草のそぼろ炒め（有馬） ………………………………………………… 25
卵と菜の花の水餃子（田村） …………………………………………………………… 28
菜種焼き（卵けんちん焼き）（野﨑） ………………………………………………… 29
牛肉と筍の卵とじ（野﨑） ……………………………………………………………… 29
うなぎときのこの卵グラタン（有馬） ………………………………………………… 32
豚モツのトマト煮（有馬） ……………………………………………………………… 32

ゆで卵で作る

半熟卵（5分ゆで）（野﨑） …………………………………………………………… 33
マーブル卵 中国茶風味（田村） ……………………………………………………… 33
ゆで卵（7分ゆで）サラダ仕立て（野﨑） ………………………………………… 36
ゆで卵とアボカドとレタスのサラダ（秋元） ………………………………………… 36
揚げ卵（田村） …………………………………………………………………………… 37
ひよこ豆とゆで卵の煮込み（有馬） …………………………………………………… 37
ゆで卵 焦がし唐辛子と葱ソース（田村） …………………………………………… 40
半熟卵の中国茶葉スモーク（田村） …………………………………………………… 41
ゆで卵（10分ゆで）射込み5種（野﨑） ………………………………………… 42
グリーンアスパラガスのミモザ風（秋元） …………………………………………… 44
ウッフミモザコロッケ（秋元） ………………………………………………………… 45
温泉卵 ゼリーがけ（野﨑） …………………………………………………………… 46

ポーチドエッグ・目玉焼きで作る

落とし卵サラダ（野﨑） ………………………………………………………………… 47
ポーチドエッグの鳥の巣仕立て（秋元） ……………………………………………… 48
牛肉のデミグラス煮込み ポーチドエッグのせ（秋元） …………………………… 49
エッグベネディクト（秋元） …………………………………………………………… 50
エッグベネディクト セージバター風味（有馬） …………………………………… 51

アスパラガスの目玉焼きのせ（有馬） ………… 52

漬ける・凍らせる

ピリ辛卵黄のせご飯（田村） ………… 53
卵黄（温泉卵）の醤油漬けのせお粥（野崎） ………… 54
卵黄（生）の醤油漬けのせとろろご飯（野崎） ………… 54
味噌漬け卵黄の白扇揚げ（野崎） ………… 55
卵黄のるいべ（有馬） ………… 56
ゆで卵（7分ゆで）の醤油漬け セロリ餡がけ（野崎） ………… 56
塩漬け卵のお粥（田村） ………… 57
塩漬け卵とほうれん草炒め（田村） ………… 57

蒸して作る

茶碗蒸し 麻婆ソース（田村） ………… 60
チーズ豆腐（野崎） ………… 61
満月蒸し（野崎） ………… 61
牡蠣清海蒸し（野崎） ………… 64
菜の花香るフラン（秋元） ………… 64

まとわせる卵

牛肉の黄身焼き（野崎） ………… 65
鶏胸肉の黄金焼きロースト（有馬） ………… 68
豚ロース肉とタンのピカタ（有馬） ………… 69
牡蠣のおやき（有馬） ………… 69
パプリカ肉詰め（有馬） ………… 72
芥子れんこん 卵黄焼き（有馬） ………… 73
海老黄身煮（野崎） ………… 74
海老黄身揚げ煮（野崎） ………… 75

たれ・ソース

鯵と独活黄身芥子がけ（野崎） ………… 76
いかとほうれん草 黄身ヨーグルトがけ（野崎） ………… 77
ほたるいかとおくらのマリネサラダ（有馬） ………… 78
ポテトフライとツナ オランデーズソース（秋元） ………… 79
ハンバーグ 卵黄ソース（有馬） ………… 80
鶏せせりのハンバーグ 卵のソース（秋元） ………… 81

卵白で作る

卵白かに玉（田村） ………… 82
帆立貝柱と卵白のふわふわ炒め（田村） ………… 84
卵白とささみのおぼろ風スープ麺（田村） ………… 85
卵白蒸しの干し貝柱ソース（田村） ………… 86
蟹の柴蒸し（野崎） ………… 87

うずらの卵で作る

うずらの卵のピクルス（有馬） ………… 88
うずらの卵のエスカルゴ仕立て（秋元） ………… 88
スパイシーチキンと卵の串揚げ（秋元） ………… 89
うずらの卵のフリット（有馬） ………… 89

ご飯・麺

親子丼（野崎）	92
とろ玉ご飯（野崎）	93
卵かけご飯（野崎）	93
玉子寿司（野崎）	96
散らし寿司（野崎）	97
湯煎で作るとろっと天津飯（田村）	100
卵チャーハン（田村）	101
卵のリゾット（有馬）	104
カルボナーラ（有馬）	105
卵だけで作る麺（田村）	108

軽食

フレンチトースト（秋元）	109
卵とトマトとバジルのタルティーヌ（秋元）	109
焼き卵サンド（有馬）	112
卵のキッシュ（秋元）	113
ハムと卵のガレット（秋元）	114
春巻き卵ピッツァ（有馬）	115
生ハムとルコラのクレープ（有馬）	116
チーズのスフレ ソーストマト（秋元）	117
牡蠣とバジルの台湾屋台風卵焼き（田村）	118

スープ・汁物

卵とトマトの酸辣湯（田村）	119
卵と焼き海苔の月見スープ（田村）	120
巣ごもり卵スープ（有馬）	121
ストラッチャテッラ（イタリア風かき玉スープ）（有馬）	122
錦糸玉子汁（野崎）	123
かぼちゃのスープ（有馬）	124
卵のパイ包みスープ カルボナーラ仕立て（秋元）	125
梅椀（野崎）	126

デザート

濃厚プリン（有馬）	128
リコッタチーズのプリン（秋元）	130
卵、プルーン、生姜の蒸しプリン（田村）	130
簡単！エッグタルト（田村）	131
お米のタルト（有馬）	134
バニラアイス 温かい卵とココナッツのソース（田村）	135
メレンゲ（有馬）	135
卵白クッキー（有馬）	138
黒豆金純（野崎）	139
チーズケーキ（野崎）	139

- 本書中の1カップは200cc、大さじ1は15cc、小さじ1は5ccです。
- 有馬さんのレシピ中のブロードは、鶏ガラに香味野菜などを加えて
  とった鶏のブロードをおもに使用しています。
- 田村さんのレシピ中の水溶き片栗粉は、すべて片栗粉1：水1.5の
  割合で混ぜ合わせたものです。

撮影　海老原俊之
デザイン　野本奈保子（ノモグラム）
編集　長澤麻美

使えるたまごレシピ

オムレツ	8
卵焼き	17
スクランブルエッグ・卵炒め・卵とじ	21
ゆで卵で作る	33
ポーチドエッグ・目玉焼きで作る	47
漬ける・凍らせる	53
蒸して作る	60
まとわせる卵	65
たれ・ソース	76
卵白で作る	82
うずらの卵で作る	88
ご飯・麺	92
軽食	109
スープ・汁物	119
デザート	128

オムレツ

卵のおいしさが存分に味わえる料理です。
プレーンなオムレツが上手に作れるようになれば、
ソースをいろいろ替えて楽しめます。巻かずに作る
オープンオムレツは、野菜などの具材をたっぷり加えてバランスよく。

オムレツ シンプルトマトソース プロヴァンスの香り

卵とトマトは好相性。オムレツに合わせるトマトソースは、
野菜の甘みを活かして作るとよりバランスがよくなります。
ゆっくり煮込むことによって甘みを充分引き出してください。
（料理／秋元さくら）

材料（直径19cmのフライパン1枚分）

卵（常温に戻しておく）… 4個
塩 … ひとつまみ
コショウ … 少量
バター … 少量
トマトソース（下記参照）… 適量
パセリ（みじん切り）… 少量

トマトソース（作りやすい量）

トマト（缶詰）… 400g
ニンニク（みじん切り）… 少量
玉ネギ（みじん切り）… 30g
オリーブ油 … 大さじ1
バジルの葉（みじん切り）… 1枚分
エルブドプロヴァンス
　（市販ミックスハーブ）… 少量
塩、コショウ … 各適量

1　鍋にニンニクと玉ネギ、オリーブ油を入れて弱火で炒める。
2　ニンニクの香りが立ち、玉ネギがしんなりしたらトマト缶詰を入れる。バジルとエルブドプロヴァンスを入れ、塩、コショウをして弱火で10分ほど煮る。
3　塩で味を調える。

作り方

1. ボウルに卵を溶き、塩、コショウを加えてしっかり泡立て器で混ぜる。
2. フライパンを火にかけ、充分に温めてからバターを入れ、ほんのり茶色くなったら1をすべて入れ（a）、火を中火にする。
3. ゴムベラで全体を混ぜながら火を入れ（bc）、液体がなくなってきたらフライパンを傾けて、手前から奥に落として巻く（d）。
4. フライパンの柄をトントンと叩き（e）、手首を返すようにしてとじめを真上にもってくる。全体をひっくり返してとじめを真下にし（f）、皿に盛る。トマトソースをかけ、パセリをのせる。

ポイント

簡単に見えて実は難しく、奥が深いオムレツ。常温にした卵を使い、恐れずに一気に巻くことが上手に仕上げるコツ。

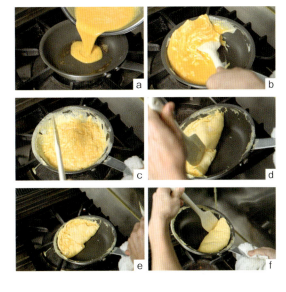

オムレツ

オムレツ チーズたっぷりのソース

ワインに合わせるならぜひともこのソースを。
濃厚なチーズソースと卵のコクがからみ合い、
互いの良さをより引き立てます。お酒のすすむ一品です。
(料理／秋元さくら)

材料 (直径19cmのフライパン1枚分)

オムレツ (p.9同様に作る) … p.9の量
チーズたっぷりのソース
 玉ネギ (みじん切り) … 30g
 バター … 大さじ1
 白ワイン … 大さじ2
 生クリーム … 200cc
 A
  ブルーチーズ (ロックフォールや
   ゴルゴンゾーラなど) … 15g
  カマンベール・チーズ … 15g
  ピザ用チーズ … 15g
 塩、コショウ … 各適量
粗挽きコショウ … 少量
パルミジャーノ・レッジャーノ・チーズ
 (すりおろし) … 少量
パセリ (みじん切り) … 少量

作り方

1. チーズたっぷりのソースを作る。フライパンにバターを入れて熱し、溶けたら玉ネギを入れて炒める。
2. しんなりとしたら白ワインを入れ、アルコールをとばす。
3. 生クリームとAを入れて煮溶かす。すべてのチーズが溶けてとろみがついてきたら、最後に塩、コショウで味を調える。
4. 器に盛ったオムレツに、3のソースをかけ、粗挽きコショウ、パルミジャーノ・チーズをかけ、パセリをのせる。

マッシュルームとルコラのオムレツ

プレーンオムレツより少しだけ難易度が高いですが、
素材の旨みも一緒に味わえる贅沢な一皿なのでチャレンジしがいがあります。
お好みの具材を入れてぜひ試してみてください。

(料理／秋元さくら)

材料（直径19cmのフライパン1枚分）

卵 … 4個
塩、コショウ … 各少量
ルコラ … 1/2袋
マッシュルーム … 5個
オリーブ油 … 少量

作り方

1. ルコラはざく切りに、マッシュルームは薄切りにする。
2. ボウルに卵を溶き、塩、コショウを加えてしっかり泡立て器で混ぜる。
3. フライパンにオリーブ油をひき、強火で熱してマッシュルームを入れる。しんなりしてきたら塩、コショウをし、ルコラを入れる。
4. 全体がなじんだら2の卵液を加え、あとはプレーンのオムレツ同様に作る（p.9参照）。器に盛る。

オムレツ

トマト入りオムレツ

卵に生クリームと牛乳を加えておくことで、やわらかい仕上がりになります。
（料理／有馬邦明）

材料（2人分）

トマト（よく熟したもの）… 1個
A
　卵 … 2個
　生クリーム … 大さじ2
　牛乳 … 大さじ1
　塩、コショウ … 各適量
　パルミジャーノ・レッジャーノ・チーズ
　　（すりおろし）… 大さじ2
バター（オリーブ油、ゴマ油などでもよい）
　… 少量

作り方

1. トマトは角切りにする。ボウルに入れ、塩（分量外）をしておく。
2. Aをよく混ぜ合わせておく。
3. テフロン加工のフライパンにバターを少量入れて中火にかける。バターが溶けて泡立ちはじめたら、2の卵液を入れ、かき混ぜながら火を入れる。半熟になってきたら1のトマトを加え、弱火にする。表面に焼き色がついてきたら、半分に折りたたむ。
4. 器に盛り、好みでパルミジャーノ・チーズ（分量外）をふる。

ポイント

鉄のフライパンで作る場合は、油脂を少し多めにし、しっかり温める。

オムレツ

ふわふわスフレオムレツ

卵白を泡立ててから
卵黄を混ぜて焼き上げます。
普通のオムレツとはまた違ったおいしさ。
（料理／秋元さくら）

材料（作りやすい量）

卵 … 1個
塩、コショウ … 各少量
ピザ用チーズ … 少量
ナツメグ … 少量
バター … 少量
ケチャップ（好みで）… 大さじ2
マヨネーズ（好みで）… 大さじ2
パセリ（みじん切り）… 少量

ポイント

時間が経つとしぼむので、熱いうちに食べる。

作り方

1. 卵は卵白と卵黄に分ける。
2. 大きめのボウルに卵白を入れ、泡立て器でツノが立つまでしっかり泡立てる。
3. 2に卵黄と塩、コショウを加え、ふんわり混ぜ合わせる（a）。
4. フライパンにバターを入れて強火で熱し、3を入れる（b）。
5. ピザ用チーズをのせて（c）、軽くナツメグをふり、蓋をして中火で2分ほど焼く。
6. 半分に折りたたみ（d）、器に盛って、パセリをのせる。好みでケチャップとマヨネーズを合わせたソースを添える。

野菜たっぷり地中海風オムレツ

フライパン1つで、季節の野菜がたくさんいただけます。
（料理／有馬邦明）

材料（直径15cmのフライパン1枚分）

A
- 卵 … 2個
- パルミジャーノ・レッジャーノ・チーズ（すりおろし） … 大さじ1
- 生クリーム … 大さじ2

ジャガイモ … 1個
ズッキーニ … 1/2本
長ネギ（白い部分） … 1/4本
マッシュルーム … 6個
オリーブ油 … 適量
バター … 適量
塩、コショウ … 各適量
パルミジャーノ・レッジャーノ・チーズ（すりおろし） … 大さじ2

作り方

1. ジャガイモは皮付きのままゆでて、一口大に切る。ズッキーニと長ネギも、食べやすい大きさに切る。マッシュルームは半分に切る。
2. 1をオリーブ油で軽く炒め、塩、コショウをしておく。
3. Aは混ぜ合わせておく。
4. フライパンにオリーブ油を熱し、バターをひとかけ加える。バターが溶けたら3を入れて混ぜ、2を入れ、パルミジャーノ・チーズをかける。
5. 4を160〜180℃のオーブンに入れ、表面に焼き目がつくまで焼く。

ポイント

- 耐熱皿で作ってもよい。
- 直火だけでも作れるが、その場合は蓋をして、下の面が焼けたら一度裏返すとよい。

オムレツ

カリフラワーのオムレツ

イタリアではリコッタチーズを使用しますが、ここでは豆腐でアレンジしています。
（料理／有馬邦明）

材料（直径15cmのフライパン1枚分）

カリフラワー … 1/4房
豆腐 … 1/2丁
塩 … 適量
A
　卵 … 2個
　玉ネギ（みじん切り）… 小さじ1
　パルミジャーノ・レッジャーノ・チーズ
　　（すりおろし）… 大さじ1
　生クリーム … 大さじ2
　塩 … 少量
オリーブ油 … 適量
バター … 適量
シュレッドチーズ（ここではカチョカヴァロを使用したが、溶けるタイプの他のチーズでもよい）… 大さじ2～3
パルミジャーノ・レッジャーノ・チーズ
　（すりおろし）… 大さじ2

作り方

1. カリフラワーは小房に分け、少しやわらかめに塩ゆでする。豆腐は水切りをした後、角切りにする。
2. Aをボウルでよく混ぜ合わせる。
3. フライパンにオリーブ油を熱し、バターをひとかけ加える。バターが溶けたら2を入れて混ぜ、1を入れ、シュレッドチーズとパルミジャーノ・チーズをかける。
4. 3を160～180℃のオーブンに入れ、表面に焼き目がつくまで焼く。

ポイント

• 耐熱皿で作ってもよい。
• 直火だけでも作れるが、その場合は蓋をして、下の面が焼けたら一度裏返すとよい。

オムレツ

きのことカマンベールのスパニッシュオムレツ

オムレツの中でももっともボリュームのあるこのスパニッシュオムレツ。
卵液に火が入るまで根気よくじっくり焼いてください。
（料理／秋元さくら）

材料（4人分）

- シメジ … 1/2パック
- エノキ … 1/2パック
- ナス … 2本
- 卵 … 4個
- カマンベール・チーズ
  （2cm角ほどに切る）… 100g
- オリーブ油 … 大さじ1
- 塩、コショウ … 各適量
- ルコラ（好みで）… 少量

作り方

1. シメジとエノキは、石づきを切り落とす。エノキは半分に切り、ばらばらにほぐす。ナスは3cm角に切る。
2. 卵は溶きほぐし、塩、コショウをしておく。
3. フライパンにオリーブ油をひいて熱し、熱くなったら1を入れて強火で色づくように炒め、塩、コショウする。カマンベール・チーズを入れ、チーズがほんのり溶けたら、2の卵液を加え（a）、蓋をして弱火で約6分焼く(b)。
4. 表面の卵液が固まってきたら、フライ返しで下の部分をはがし、蓋をしてフライパンをひっくり返して蓋の上にオムレツをのせ(c)、蓋からすべらせてフライパンに戻す(d)。
5. 少し焼いたら取り出し、食べやすい大きさに切り分けて器に盛り、好みでルコラを添える。

a b c d

卵焼き

いつの時代も人気のお惣菜。
混ぜ込むものや味つけは、
好みによりアレンジするといいでしょう。

トマトとにらの卵焼き

卵焼きはいろいろな具材を入れて
作ることができますが、
この組み合わせは
特においしいと思います。
コショウをきかせると、大人味に。
（料理／野崎洋光）

材料（作りやすい量）

トマト … 1/2個
ニラ … 2本
卵 … 3個
A
　水 … 60cc
　薄口醤油 … 大さじ1/2
　コショウ … 適量
サラダ油 … 適量

作り方

1. トマトは皮を湯むきし、さいの目に切る。ニラはざく切りにする。
2. ボウルに卵を割りほぐし、Aを加えて混ぜ合わせ、1を加える。
3. 卵焼き器（またはフライパン）にサラダ油をひいて熱し、2を流し入れる。中火で焼き、下が焼けてきたら、向こう側から手前に巻いて、形を整える。

ポイント

- 焼くときは、出てきた泡の部分を菜箸でつついて、焼けていない卵液を下にまわしながら焼くとよい。
- 上側はまだ半熟状のうちに巻き、内側は余熱で火を入れる。
- 巻くのが難しければ、卵に加える水分量をもう少し増やし、スクランブルエッグのように作ってもよい。

卵焼き

車麩入り卵焼き

粉末にした麩を加えることで、粘着性が高まり、食感が変わります。
また、巻きやすくもなります。
（料理／野﨑洋光）

材料（作りやすい量）

卵 … 3個
A
　車麩（粉末にしたもの）… 15g
　水 … 60cc
　薄口醤油 … 大さじ1/2
ミツバ（3cm長さに切る）… 5g
サラダ油 … 適量

作り方

1. ボウルに卵を割りほぐし、Aを加えて混ぜ合わせ、ミツバを加える。
2. 卵焼き器（またはフライパン）にサラダ油をひいて熱し、1を流し入れる。中火で焼き、下が焼けてきたら、向こう側から手前に巻いて、形を整える。

卵焼き

カステラ玉子

甘い卵焼きです。料理屋では通常魚のすり身を加えて作りますが、
ご家庭でははんぺんを利用するといいでしょう。お弁当やおせち料理にも活躍します。
(料理／野崎洋光)

材料（作りやすい量）

はんぺん … 200g
卵 … 6個
A
　小麦粉 … 大さじ4
　はちみつ … 大さじ6
　薄口醤油 … 10cc
サラダ油 … 適量

作り方

1. はんぺんをフードプロセッサーで細かいペースト状にし、Aを加えて更に攪拌し、卵を入れて軽く混ぜる。
2. 18cm×13cmサイズの卵焼き器を火にかけてサラダ油をひき、温まったら1を2.5cm厚さほどに流し、蓋をして弱火でじっくり焼いて、火を通す。
3. 上の面が固まってきたら裏返し、両面とも焼き色がついたらでき上がり。

卵焼き

卵春巻き

春巻きの皮で作るものとは違った、やわらかい食感です。
(料理／田村亮介)

材料（3本分）

皮（薄焼き卵。3枚分）
- 卵 … 3個
- 水溶き片栗粉 … 大さじ1
- サラダ油 … 少量

具
- 玉ネギ（薄切り）… 300g
- わかめ（塩蔵を戻したもの）… 100g
- しらす … 40g
- 鶏ガラスープ … 100cc
- サラダ油 … 少量
- **A**
  - 酒 … 大さじ1
  - 塩 … ひとつまみ
  - オイスターソース … 大さじ1
- 水溶き片栗粉 … 大さじ1

糊
- 薄力粉 … 40g
- 水 … 60cc
- ＊混ぜ合わせる。

揚げ油（サラダ油）… 適量

作り方

1. 皮にする薄焼き卵を焼く。卵をボウルに割り入れ、しっかりと溶く。水溶き片栗粉を加えて更によく混ぜる。
2. フライパンを熱し、サラダ油を入れ、ペーパーで軽くふき取る。1の卵液を注ぎ入れて薄く丸く広げ、弱火で焦がさないように両面を焼く。
3. 具を作る。フライパンにサラダ油をひき、玉ネギを入れてしんなりするまで炒める。わかめ、しらす、鶏ガラスープを加えて弱火で2分ほど煮る。
4. Aで調味し、水溶き片栗粉を加え、強火にしてよく混ぜ合わせる。取り出して冷やしておく。
5. 2の薄焼き卵を広げ、手前側に具材の1/3量をのせる。ひと巻きしてから両端を折り込んできっちりと巻き上げ、縁に溶き卵（分量外）を薄く塗ってとめる。
6. 薄力粉と水で作った糊を5のまわりに塗る。
7. フライパンにサラダ油を2cmほどの高さまで入れ、6の春巻きを入れる。途中で裏返し、両面がほどよく色づくまで中火で揚げ焼きにする。食べやすい大きさに切る。

スクランブルエッグ・卵炒め・卵とじ

形を気にしなくていいので、気楽に作れます。
ただし、卵に火を通しすぎてボソボソになっては台無し。
いつもふわトロを心がけましょう。

ウッフブルイエ

卵の殻にスクランブルエッグを詰めて作る、おしゃれなオードヴル。
ウニをのせたものがおなじみですが、野菜を使えばもっと手軽に作れます。
（料理／秋元さくら）

材料（3個分）
卵 … 3個
生クリーム … 大さじ1
玉ネギ（みじん切り）… 大さじ1
塩、コショウ … 各適量
ラディッシュ … 適量
黄色ニンジン … 適量
ドレッシング（フレンチドレッシングなど
　好みのもの）… 適量
パセリ（みじん切り）… 少量

作り方
1．卵のカップを作る。卵の殻をきれいに洗い、包丁の刃の下の角を使い、殻の1/3ほど上部分をぐるっと割って切り取る。中身は取り出し、殻の中は洗って乾燥させておく。
2．ラディッシュと黄色ニンジンは細かく刻み、好みのドレッシングで和える。
3．ボウルに1の卵と生クリームを合わせ、塩、コショウをし、80℃ほどの湯煎にかけながら泡立て器で混ぜる。とろっとしてきたら玉ネギを加える。
4．1の殻に3を入れ、2をのせてパセリをふる。

スクランブルエッグ・卵炒め・卵とじ

なすのラタトゥイユとスクランブルエッグ

ナス主体のラタトゥイユをスクランブルエッグに合わせた夏らしい一品。
ナスは油と相性がよいので多めの油で調理してください。
スクランブルエッグは火からおろして余熱で仕上げると、火が入りすぎません。

（料理／秋元さくら）

材料（作りやすい量）

スクランブルエッグ
 卵 … 4個
 牛乳 … 大さじ2
 塩 … ひとつまみ
 バター … 小さじ1

ラタトゥイユ
 トマト … 1個
 玉ネギ … 1/2個
 ナス … 4個
 ニンニク（みじん切り）… 1/2粒分
 赤トウガラシ … 1本
 A
  タイム … 1本
  オレガノ（ドライ）… ひとつまみ
  水 … 30cc
  コンソメ（顆粒）… 小さじ1
  ＊混ぜ合わせておく。
 塩、コショウ … 各適量
 オリーブ油 … 大さじ4
イタリアンパセリ（好みで）… 少量

作り方

1. ラタトゥイユを作る。トマトはヘタを取りざく切りに。玉ネギ、ナスは一口大に切る。
2. 鍋にオリーブ油大さじ2を入れ、ニンニク、トウガラシを入れて弱火で炒める。色づきはじめたら玉ネギを加えて軽く炒める。
3. 玉ネギが少ししんなりしてきたらオリーブ油大さじ2を足し、ナスを加えて炒める。
4. トマトを加え、Aを入れ、弱火で半量になるまで煮詰める。塩、コショウで味を調える。
5. スクランブルエッグを作る。ボウルに卵、牛乳、塩を合わせてしっかり混ぜておく。
6. テフロン加工のフライパンにバターをひき、中火にかける。バターが色づきはじめたら5の卵液を入れる。
7. フライパンをゆすりながら、ゴムベラでしっかりかき混ぜて火を入れ、固まりはじめたらフライパンを火からおろし、底をぬれたふきんの上にのせてしっかりとかき混ぜる。
8. 7を器に盛り、上に4のラタトゥイユをのせ、好みでイタリアンパセリをのせる。

卵、トマト、アボカド炒め

定番の卵とトマトの炒め物に、アボカドで栄養と色味をプラスしました。
（料理／田村亮介）

材料（2人分）

卵 … 3個
A
　塩 … 小さじ1/2
　無糖練乳 … 大さじ2
トマト … 1個
アボカド … 1/2個
サラダ油 … 大さじ3

ポイント

卵に火を入れすぎないように。

作り方

1. トマトは皮を湯むきし、くし形に切る。アボカドは皮と種を取り、3cmほどの乱切りにする。
2. ボウルに卵を割り入れて溶き、**A**を加えてよく混ぜる。
3. 鍋にサラダ油（分量外）を入れ、1のトマト、アボカドを入れて中火で炒める（トマトを崩さないようにやさしく）。表面に軽く焼き目がついたら、2のボウルに入れる。
4. きれいな鍋にサラダ油を入れて熱し、3を入れ、強火で空気を入れるように大きく混ぜながら、ふんわりと炒める。

スクランブルエッグ・卵炒め・卵とじ

エビタマ チリソース

スクランブルエッグ・卵炒め・卵とじ

卵と黄にらの水炒め

卵とほうれん草のそぼろ炒め

エビタマ チリソース

チリソースの辛みに卵が合わさり、マイルドになります。
エビチリよりも、簡単においしく作れます。
（料理／田村亮介）

材料（2人分）

- むきエビ … 6本
- 卵 … 2個
- サラダ油 … 大さじ3
- 塩、コショウ … 各少量
- **チリソース**
  - **A**
    - サラダ油 … 大さじ1
    - 豆板醤 … 小さじ1/2
    - ケチャップ … 大さじ2
    - 生姜（みじん切り）… 大さじ1/2
    - ニンニク（すりおろし）… 小さじ1
  - 鶏ガラスープ … 100cc
  - 塩 … 小さじ1/4
  - 砂糖 … 小さじ1
  - 水溶き片栗粉 … 大さじ1
  - 長ネギ（みじん切り）… 大さじ2
- 九条ネギ（細切り）… 適量

作り方

1. むきエビは塩、コショウで下味をつける。卵はよく溶く。
2. フライパンを熱し、サラダ油を少量（分量外）ひき、1のエビを入れて香ばしく焼く。これを溶き卵の中に入れておく。
3. フライパンにサラダ油を熱し、2を入れ、強火でふんわりと炒めて器に盛る。
4. チリソース：鍋にAを入れて弱火で炒め、香りを出す。鶏ガラスープを注ぎ、塩と砂糖で調味する。一度火を消してすぐに水溶き片栗粉を加え、再び火をつけてとろみをつけ、長ネギを加える。
5. 3のエビタマの上に4のソースをかけ、九条ネギを添える。

ポイント

ソースを作る際、水溶き片栗粉を入れる直前に火を消してから入れると、ダマになりにくい。

卵と黄にらの水炒め

スープに野菜を入れ、軽くとろみをつけてとじていきます。
卵料理はどうしても油を多く使いますが、
この方法なら油を使わずに、炒めて作ったような仕上がりに。
卵のふわふわ感と、野菜のシャキシャキ感も生きています。
（料理／田村亮介）

材料（2人分）

卵 … 5個
黄ニラ（5cm長さに切る）… 45g
長ネギ（白い部分。細切り）… 15g
A
　鶏ガラスープ … 150cc
　塩 … 小さじ3/4
　砂糖 … 小さじ1/2
　水溶き片栗粉 … 小さじ1

作り方

1. ボウルに卵を割り入れ、よく溶く。黄ニラ、長ネギを加える。
2. 鍋に**A**を入れて火にかけ、混ぜながら沸騰させる。
3. 沸騰したら1をゆっくりと入れながら、絶えず玉じゃくしなどで混ぜる。
4. すべて入れ終え、全体がふんわりとまとまれば器に盛る。

ポイント

時間をかけず、手早く仕上げるのがふんわりさせるコツ。

卵とほうれん草のそぼろ炒め

生ハムは優秀な調味料です。代わりに味噌を使ってもけっこうです。
（料理／有馬邦明）

材料（2人分）

卵 … 2個
ホウレン草 … 1/2把
ニンニク … 1/2粒
オリーブ油 … 少量
生ハム（粗みじん切り。鶏挽き肉や
　合挽き肉でもよい）… 小さじ1
砂糖 … 適量
塩 … 適量
赤トウガラシ（粉）… 適量

作り方

1. 溶き卵に少量の砂糖、塩、トウガラシ粉を加えて混ぜておく。
2. ホウレン草は塩ゆでし、水気を切ってざく切りにする。
3. ニンニクは包丁の腹で叩いた後、みじん切りにする。
4. フライパンにオリーブ油と3のニンニクを入れて弱火にかける。そぼろ状になり、チリチリして香りが出てきたら、生ハムを入れる。1の卵液を流し入れ、菜箸で混ぜる。
5. 4に2のホウレン草を加えて混ぜ合わせ、器に盛る。

スクランブルエッグ・卵炒め・卵とじ

卵と菜の花の水餃子

スクランブルエッグ・卵炒め・卵とじ

菜種焼き(卵けんちん焼き)

牛肉と筍の卵とじ

卵と菜の花の水餃子

春らしい具材の水餃子です。季節ごとに旬の野菜を使えば、バリエーションが広がります。
（料理／田村亮介）

材料（20個分）

卵 … 4個
菜の花（2cm長さに切る）… 80g
サラダ油、塩 … 各適量
A
 | 長ネギ（みじん切り）… 大さじ1
 | 生姜（みじん切り）… 大さじ1/2
 | 塩 … 小さじ1/2
 | 醤油 … 小さじ1
餃子の皮 … 20枚
胡麻ソース
 | 醤油 … 大さじ2
 | 砂糖 … 大さじ1/2
 | 米酢 … 大さじ1
 | 芝麻醤（ジーマージャン）… 大さじ2
 | ＊混ぜ合わせる。

作り方

1. 鍋にサラダ油を少量入れて熱し、溶き卵を入れてスクランブルエッグ状に炒める。菜の花はさっと塩ゆでしてしっかりと水気を切る。
2. ボウルに1の卵と菜の花、Aを入れてよく混ぜる。
3. 2を餃子の皮で包んで縁をとじる（a～e）。
4. 3を沸騰湯に入れて2分ほどゆで、水気を切り、器に盛る。胡麻ソースをかける。

a

b

c

d

e

菜種焼き（卵けんちん焼き）

「けんちん」は、ニンジン、ゴボウなどの細切り野菜を油で炒めて調味し、豆腐を加えたけんちん地で作る料理のこと。
卵けんちんは、豆腐の代わりに卵を使ったものです。
（料理／野﨑洋光）

材料（3人分）

木綿豆腐 … 1丁
菜の花 … 6本
A
　卵 … 3個
　砂糖 … 大さじ1½
　薄口醤油 … 小さじ1
ニンジン（せん切り）… 20g
キクラゲ（せん切り）… 30g
塩 … 適量

作り方

1. 菜の花は、70℃の湯で2分塩ゆでし、冷水にとり、下の部分を切り落としておく。
2. 豆腐は6等分に切り、上火オーブン（またはグリル）で焼き目をつけておく。
3. ニンジンとキクラゲはさっとゆでておく。
4. 鍋にAを合わせて湯煎にかけ、混ぜ合わせる。ゆるく固まりかけてきたら、まだとろとろのうちに火からおろす。3を混ぜておく。
5. 2の豆腐の上に4をのせ、固まりかけてきたら、1の菜の花をのせ、上火オーブンで焼き上げる。

牛肉と筍の卵とじ

卵とじは、卵に火が入りすぎるとおいしくありません。
とろりと半熟に仕上げましょう。
（料理／野﨑洋光）

材料（2人分）

牛肉（薄切り）… 70g
タケノコ（ゆでたもの）… 1/2本
シイタケ（薄切り）… 1枚分
長ネギ（斜め切り）… 1/2本分
昆布 … 5cm角2枚
卵 … 1個
ミツバ（3cmに切る）… 1/3束分
コショウ … 適量
A
　水 … 300cc
　薄口醤油 … 30cc
　みりん … 16cc

作り方

1. 牛肉は5cm幅に切る。ボウルに熱湯を入れ、牛肉を入れて箸でほぐしながら振り洗いし、表面が白くなったら引き上げて水気を切る。
2. タケノコは縦5mm幅に切り、ゆでこぼす。
3. 一人用の小鍋にAと2のタケノコ、シイタケ、長ネギ、昆布をそれぞれ半量ずつ入れて火にかける。沸騰して半分ほど火が入ったら、1の牛肉を半量ずつ入れる。
4. 牛肉が温まったら溶き卵を半量ずつまわし入れ、ミツバを半量ずつ散らし、半熟程度で火を止めてコショウをふる。

スクランブルエッグ・卵炒め・卵とじ

うなぎときのこの卵グラタン

豚モツのトマト煮

ゆで卵で作る

ゆで時間により味や食感が変わります。それぞれに合った、おいしい食べ方や料理をご紹介します。

半熟卵（5分ゆで）

マーブル卵 中国茶風味

うなぎときのこの卵グラタン

相性のよい蒲焼きと卵。合わせることで、濃厚な味わいが軽やかになります。
（料理／有馬邦明）

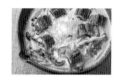

材料（2人分）

- 卵 … 1個
- うなぎの蒲焼き（市販。2cm幅に切る） … 1尾分
- シメジ … 50g
- マイタケ … 50g
- エノキ … 50g
- 玉ネギ（みじん切り） … 大さじ3
- バター … 少量
- 塩 … 適量
- 生クリーム … 200cc
- イタリアンパセリ（粗みじん切り） … 少量

作り方

1. キノコは掃除し、食べやすくほぐしておく。
2. フライパンを火にかけてバターを入れ、1のキノコを入れて温める程度に炒め、玉ネギを加える。
3. 2に塩をして、生クリームを注ぎ、2/3量になるまで煮る。
4. 3を耐熱の器に入れ、うなぎの蒲焼きを散らし入れて、溶き卵をふわっとまわし入れ、160℃のオーブンに5〜6分入れる。仕上げにイタリアンパセリをふる。

豚モツのトマト煮

卵が加わることで、やさしい味に。
（料理／有馬邦明）

材料（2人分）

豚モツのトマト煮込み
- 豚モツ（ゆでたもの） … 200g
- ニンニク（叩いたもの） … 1/2粒
- 玉ネギ（みじん切り） … 大さじ2
- トマトホール（缶詰） … 200g
- オリーブ油 … 少量
- 塩、コショウ … 各適量
- 赤トウガラシ … 少量
- 白ワインヴィネガー … 大さじ1

卵 … 1個

作り方

1. 鍋にオリーブ油とニンニク、玉ネギを入れて炒め、豚モツを入れ、トマトホールを加える。塩、コショウ、トウガラシ、ワインヴィネガーを加え、モツがやわらかくなって味がなじみ、照りが出るまで煮る（30分〜1時間）。
2. 1の火を止めて、卵を割り入れて軽く混ぜ、提供する。

ポイント

火を止めて、余熱で卵に火を通す。

ゆで卵で作る

半熟卵（5分ゆで）

料亭の朝食にも使われるゆで卵。火の入り方が絶妙で、
黄身の旨みが引き出されています。お粥などに添えてそのまま食べる他、
ディップやソース代わりにも使えます。
（料理／野崎洋光）

材料

卵（常温に戻しておく）、醤油
　　… 各適量

作り方

1. 卵を沸騰した湯に入れて、5分ゆでた後、すぐに冷水にとる。殻をむいて横半分に切る（黄身がこぼれないように注意）。
2. おちょこなどの器に醤油を入れ、ストローを差し込んで先端に醤油を入れ、ストローの上側を親指でふさぐ。黄身の中央にストローの先を刺して親指を離し、中に醤油を入れ込む（a）。

マーブル卵 中国茶風味

殻にひびを入れてから煮汁に漬けておくと、
大理石のような模様がつきます。ただのゆで卵より高級感が出るので、
ちょっとしたおもてなしにも使えます。
（料理／田村亮介）

材料（5個分）

卵（常温に戻しておく）… 5個

煮汁
　鶏ガラスープ … 600cc
　烏龍茶葉 … 大さじ2
　醤油 … 20g
　オイスターソース … 10g
　砂糖 … 10g
　塩 … 3g
　八角 … 1個
　シナモンスティック … 2g

ポイント

殻にしっかりとひびを入れておく。

作り方

1. 常温の卵を沸騰した湯に入れて、10分ゆでる。氷水に落とし、冷めたら殻にしっかりとひびを入れる。
2. 煮汁の材料を鍋に入れ、15分弱火で煮る。1の卵を殻付きのまま入れて更に15分煮る。
3. 煮汁に入れたまま冷まし、そのまま一晩おく（a）。2日目からおいしく食べられる。

ゆで卵で作る

ゆで卵(7分ゆで)
サラダ仕立て

ゆで卵と
アボカドとレタスのサラダ

ゆで卵で作る

揚げ卵

ひよこ豆とゆで卵の煮込み

ゆで卵（7分ゆで）　サラダ仕立て

サラダにするなら、包丁で切っても黄身が流れ出さず、かつ、しっとりとしたおいしさと美しい色を活かせる、7分ゆでぐらいがちょうどいいでしょう。
（料理／野崎洋光）

材料（2人分）

卵（常温に戻しておく）… 2個
キュウリ … 1本
セロリ … 80g
ナッツだれ
　カシューナッツ（煎ったもの）… 30g
　煮切り酢 … 大さじ1
　醤油 … 大さじ2
　黒砂糖 … 15g
　＊合わせてミキサーにかける。
合わせ薬味（作りやすい量）
　大葉（せん切り）… 5枚分
　みょうが（せん切り）… 1本分
　生姜（みじん切り）… 小1カケ分

わけぎ（薄切り）… 1/2束分
カイワレ菜（1cmほどに切る）… 1/2パック分
＊合わせて冷水に放し、よく水気を切る。

作り方

1. キュウリは6cm長さに切り、4つ割にする（麺棒などで叩いておくとよい）。セロリは5mm厚さの斜め切りにする。
2. 卵を沸騰した湯に入れて、7分ゆでた後、すぐに冷水にとる。殻をむいてくし形に切る。
3. 1と2を合わせて器に盛り、ナッツだれをかけ、合わせ薬味を適量のせる。

ゆで卵とアボカドとレタスのサラダ

素材の相性が抜群で、食感もおもしろいサラダです。マスタードとほんのりニンニクの香るソースがまた相性◎。
（料理／秋元さくら）

材料（4人分）

固ゆで卵（p.45参照）… 3個
アボカド … 2個
レタス … 1玉
A
　オリーブ油 … 大さじ2
　サラダ油 … 大さじ2
　白ワインヴィネガー … 大さじ2
　ニンニク（みじん切り）… 小さじ1
　粒マスタード … 小さじ1
　塩、コショウ … 各少量
粗挽きコショウ … 適量

作り方

1. レタスは葉をはがし、氷水に浸けてシャキッとさせる。
2. ゆで卵は殻をむき、アボカドは皮と種を取り、それぞれ薄切りにする。
3. Aを泡立て器でしっかり混ぜ合わせ、ドレッシングを作る。
4. 水気を切ったレタスをボウルに入れ、3のドレッシング適量で和えて皿に盛る。2のアボカドとゆで卵をのせ、残ったドレッシングをかけ、仕上げに粗挽きコショウをふる。

揚げ卵

食べるときに卵を割ると、中からとろりと黄身が流れ出します。
高温で表面だけ揚げないと、黄身に火が入ってしまうので注意。
（料理／田村亮介）

材料（3個分）

卵（常温に戻しておく）… 3個
九条ネギ（細切り）… 適量
A
　鶏ガラスープ … 100cc
　醤油 … 大さじ2/3
　オイスターソース … 大さじ2/3
揚げ油 … 適量

作り方

1. 常温の卵を沸騰した湯に入れて、5分15秒中火でゆでる（卵黄を中心にするために、最初の2分ほどは湯を混ぜながらゆでる）。氷水に落とし、しっかりと冷やす（黄身には軽く火が入っている程度）。
2. 1の殻をむいて水分をふき取り、180℃の油で表面が黄金色になるまで揚げる。
3. 鍋にAを入れて火にかけ、ひと沸きしたら器に注ぎ、2の揚げ卵を盛り、九条ネギを添える。

ひよこ豆とゆで卵の煮込み

いろいろな煮込み料理を作る際に、ゆで卵を入れておくだけで、
簡単に、素材の味を含んだやさしい味の煮卵ができ上がります。
ここではひよこ豆の煮込みに加えました。
（料理／有馬邦明）

材料（作りやすい量）

ひよこ豆（乾燥）… 200g
ドライトマト … 4個
ゆで卵（殻をむく）… 6個
ブロード（鶏ガラスープでよい）
　… 300cc
塩 … 適量
オリーブ油 … 適量
イタリアンパセリ（粗みじん切り）
　… 適量

作り方

1. ひよこ豆は、水に一晩浸けて戻しておく。
2. 鍋に水500cc、1のひよこ豆、ドライトマト、ゆで卵を入れて火にかける。
3. 2の豆がやわらかくなったらブロードを加えて更に煮る。ひよこ豆に味が染みたら、塩で味を調える。
4. 器に盛り、オリーブ油をまわしかけ、イタリアンパセリをふる。

ポイント

- 肉じゃがなど、他の煮込みでも同様に作れる。
- 豆は先にドライトマトを加えた水で炊いてから、ブロードを加えて炊くと味がよく染みる。
- 最初から塩などを加えて炊くと豆が固くなる。味つけはいちばん最後に。

ゆで卵で作る

ゆで卵 焦がし唐辛子と葱ソース

油で熱したタカノツメとネギの風味が、香ばしくておいしいソースをかけます。
おつまみにぴったりの一品。
（料理／田村亮介）

材料（2人分）

卵（常温に戻しておく）… 2個
焦がし唐辛子と葱ソース（作りやすい量）
| サラダ油 … 大さじ3
| タカノツメ … 10本
| 長ネギ（白い部分。みじん切り）… 50g
| 醤油 … 大さじ1
| 米酢 … 大さじ1/2
万能ネギ（小口切り）… 適量

ポイント

タカノツメはゆっくり弱火で炒める。強火だとすぐに焦げて苦くなるので注意する。

作り方

1. 焦がし唐辛子と葱ソースを作る。鍋にサラダ油とタカノツメを入れて弱火で炒める。
2. 耐熱のボウルに長ネギを入れておき、1のタカノツメが少し焦げてきたら油ごとネギの上にかける。醤油と米酢を加えてよく混ぜる。
3. 常温の卵を沸騰した湯に入れて、13分ゆでる。氷水に落としてしっかりと冷やした後、殻をむく。
4. 3の卵を6等分のくし形に切り、器に盛る。2のソースをかけ、万能ネギを散らす。

ゆで卵で作る

半熟卵の中国茶葉スモーク

半熟卵に中国茶の香りをほんのりまとわせます。とろりとした黄身がおいしい。
卵は必ず常温に戻してからゆでてください。
（料理／田村亮介）

材料（5個分）
卵（常温に戻しておく）… 5個
漬けだれ
- 鶏ガラスープ … 300cc
- 塩 … 2g
- 醤油 … 15g
- オイスターソース … 5g
- たまり醤油 … 3g

スモーク材
- 烏龍茶葉 … 10g
- 砂糖 … 5g
- 花椒（ホワジャオ。中国山椒。あれば）… 1g

香菜 … 適量

作り方
1. 常温の卵を沸騰した湯に入れて、5分30秒中火でゆでる（絶えず湯がポコポコとしている状態にし、黄身を中心にするため常に混ぜながらゆでる）。氷水に落とし、しっかりと冷やす。
2. 漬けだれを作る。鶏ガラスープに塩、醤油、オイスターソース、たまり醤油を加えて火にかけ、よく混ぜる。沸騰したら火からおろし、冷ましておく。
3. 冷えた1の卵の殻をむき、2のたれに一晩漬ける。
4. 中華鍋にアルミホイルを広げ、スモーク材を散らす。網を置き、たれから取り出した3の卵をのせる。コンロの火をつけて中火にし、しっかりと煙が出てきたら蓋をして1分燻す。
5. 卵を取り出して15分ほどおき、香りを落ち着かせてから、横にして手早く半分に切る。器に盛り、香菜を添える。

ゆで卵で作る

42

ゆで卵（10分ゆで）　射込み5種

さまざまな色の具を詰めることにより、
ゆで卵の価値がぐっと上がります。おもてなしにもどうぞ。

（料理／野崎洋光）

材料（5種×2個分）

卵（常温に戻しておく）… 5個

A

カニの身（ゆでたもの）… 20g

黄身胡椒

ゆで卵の黄身 … 1個（20g）

コショウ … 1g

薄口醤油 … 3cc

水 … 10cc

＊ゆで卵の黄身をボウルに入れてつぶし、コショウ、薄口醤油、水を加えて混ぜる。

B

ウニ … 30g

黄身だれ

卵黄（生）… 1個（20g）

ゆで卵の黄身 … 1個（20g）

塩 … 少量

＊生の卵黄をボウルに入れ、湯煎にかけながらよく混ぜる。とろみがついたら湯煎からおろし、ゆで卵の黄身を加えて混ぜ、塩で味を調える。

C

イクラ（醤油漬け）… 20g

煎り玉

ゆで卵の黄身 … 1個（20g）

＊ゆで卵の黄身を裏漉して鍋に入れ、湯煎にかけながら乾煎りした後、再び裏漉しする。

D

グリーンピース（塩ゆでしたもの）
… 適量

黄身胡麻だれ

ゆで卵の黄身 … 1個（20g）

卵黄（生）… 15g

練りゴマ（白）… 15g

水 … 15cc

薄口醤油 … 5cc

＊すべての材料をすり鉢に入れ、混ぜ合わせる。

E

エビ（ゆでたもの）… 3本

黒黄身だれ

炭昆布（昆布を網にのせて炭になるまで焼き、細かく刻むかすり鉢ですったもの）
… 15g

ゆで卵の黄身 … 1個（20g）

水 … 15cc

醤油 … 5cc

＊すべての材料をすり鉢に入れ、混ぜ合わせる。

ポイント

卵はゆでる前に、殻の下側にマチ針などで穴を開けておくと破裂しない（p.46参照）。

作り方

1. 卵を沸騰した湯に入れて、10分ゆでた後、すぐに冷水にとる。
2. 1の殻をむいて横半分に切り、黄身を取り出す（黄身はたれ類に使用する）。
3. 上記A〜Eの具とたれの組み合わせで、2の黄身を取り出した後の白身に詰める。

ゆで卵で作る

グリーンアスパラガスのミモザ風

アスパラを蒸し煮にすることで香りが煮汁に移り、
刻んだ卵もよりおいしくなります。
アスパラが旬の季節にはぜひともお試しを。最高の一皿になります。
(料理／秋元さくら)

材料(作りやすい量)

グリーンアスパラガス … 8本
ベーコン … 40g
固ゆで卵 (p.45参照。細かく刻む)
　　… 1個分
トマト (5mm角切り) … 1/2個分
オリーブ油 … 少量
ブイヨン … 大さじ3
黒コショウ … 少量
塩 … 適量

作り方

1. グリーンアスパラガスは、下側10cmほどの皮をむき、根元の固い部分は2cmほど切り落とす。
2. ベーコンは小さい角切りにし、オリーブ油をひいたフライパンに入れて、弱火で炒めて色づける。フライパンの温度を上げ、1のアスパラガスと塩、ブイヨンを入れて蓋をし、弱火にして3分蒸す。アスパラガスを取り出し、皿に盛っておく。
3. 2のベーコンの入った煮汁に刻んだゆで卵とトマト、黒コショウを入れ、2のアスパラガスにかける。

ウッフミモザコロッケ

相性のいい食材を合わせてコロッケにしました。
ボリュームもたっぷりで、お子様もきっと大好きでしょう。
（料理／秋元さくら）

材料（6個分）

卵（常温に戻しておく）… 3個
ジャガイモ（メークイン。
　ゆでて皮をむいたもの）… 200g
パセリ（みじん切り）… 大さじ1
マスタード … 小さじ1
塩、コショウ … 各適量
薄力粉、溶き卵、パン粉 … 各適量
揚げ油 … 適量
タルタルソース
　マヨネーズ … 適量
　玉ネギ、コルニッション、ケイパー、
　　好みの香草（パセリ、セルフィーユ、
　　エストラゴンなど。すべてみじん切り）
　　… 各適量
　＊混ぜ合わせる。
キャベツ（せん切り）… 適量

作り方

1. 鍋に水と卵を入れて火にかけ、沸騰してから12分計って取り出し、氷水で冷やして殻をむいておく（固ゆで卵）。
2. 1のゆで卵、ジャガイモはそれぞれ粗めのみじん切りにする。
3. 2をボウルに入れ、パセリ、マスタードを加え、塩、コショウで味を調える。
4. 3を卵形に成形し、薄力粉、溶き卵、パン粉の順につけ、180℃の油でキツネ色に揚げる。油を切る。
5. 器にキャベツを敷いて4のコロッケを盛り、タルタルソースを添える。

ゆで卵で作る

温泉卵 ゼリーがけ

温泉卵も盛り付けや仕立て方で、ぐっと高級感が出ます。
〔料理／野崎洋光〕

材料（1人分）

卵（常温に戻しておく）… 1個
オクラ … 2本
モロヘイヤ … 2株
なめこ … 30g
ゼリー（作りやすい量）
 A
  だし汁 … 240cc
  薄口醤油 … 30cc
  みりん … 30cc
 かつお節 … 適量
 粉ゼラチン … 5g

作り方

1. 温泉卵を作る。卵を親指と人差し指でしっかりと持ち、下側（丸いほう）の殻に、針で5ヵ所穴を開ける（a。ゆで卵を破裂させないための方法）。鍋にひたひたの水と卵を入れて火にかけ、温度を65℃に保って20分ほどゆでる（b）。冷水にとって冷やす。
2. オクラは両端を切り落とし、串で種を取り除き、薄切りにする。モロヘイヤは葉をむしり、ゆでて冷水にとる。水気を絞って包丁で叩く。なめこはさっと湯に通し、ザルに上げる。
3. ゼリーを作る。ゼラチンに水15ccを加えてふやかしておく。
4. 鍋にAを合わせて火にかけ、沸いたら追いがつおをして漉す。3を入れて溶かし、冷ましておく。粗熱が取れたらバットなどに流し、冷蔵庫で冷やしておく。
5. 器に1の温泉卵を割り入れ、2のオクラ、モロヘイヤ、なめこを盛り、4のゼリーを崩してかける。

ポーチドエッグ・目玉焼きで作る

割り出した卵を
そのままゆでたり焼いたりし、料理の上に。
とろりとした卵黄が、
調味料的な役目をします。

落とし卵サラダ

卵黄を崩し、全体を混ぜ合わせて
食べてください。
（料理／野崎洋光）

材料

卵 … 適量
ベビーリーフ … 適量
酢 … 適量
胡麻ドレッシング
　サラダ油5：ゴマ油1：酢4：
　醤油2：煎りゴマ2（割合）
　＊酢は煮切って冷ます。
　すべての材料を混ぜ合わせる。

作り方

1. 落とし卵（ポーチドエッグ）を作る。鍋に湯を沸かして酢を少量入れ、沸騰しない火加減にする。卵を器に割り入れてから湯に静かに落とし、3分ゆでる。玉じゃくしですくい、水気を切る（好みで水に落として冷やしてもよい）。
2. 器にベビーリーフを盛って、中央に1の卵をのせ、胡麻ドレッシングをまわしかける。

ポーチドエッグ・目玉焼きで作る

ポーチドエッグの鳥の巣仕立て

パーティーメニューにこんな一皿はいかがでしょうか？
パリパリのジャガイモが食感のアクセントになり、
見ても食べても幸せな楽しい料理です。
（料理／秋元さくら）

材料（4人分）

鳥の巣
- ジャガイモ（メークイン。長いもの）
    … 2個
- 薄力粉 … 適量
- 塩 … 適量
- 揚げ油（サラダ油）… 適量

ポーチドエッグ
- 卵 … 4個
- 酢 … 10cc

生ハム … 4枚
クレソン … 適量
パセリ（みじん切り）… 少量

作り方

1. 皮をむいたジャガイモを、スライサーで縦2mm厚さにスライスした後、せん切りにする。
2. バットに薄力粉を広げ、1を入れて薄力粉をまとわせ、余分な粉を落とす。
3. ジャガイモ全体が浸かる量の揚げ油をフライパンに入れて熱する。150℃になったら2を入れ、軽く色がついたら取り出す。油の温度を180℃に上げ、ジャガイモを戻して再び揚げる。好みの色がついたら取り出して油を切り、すぐに塩をする。
4. ポーチドエッグ：卵はボウルに割り出しておく。2ℓの水に酢を入れて火にかけ、沸騰直前になったら卵を入れる。スプーンの裏を使ってまわりの卵白をまとめるようにし（a）、弱火で4分ほど火を入れる。卵白が白く固まったら玉じゃくしですくい（b）、氷水に落とす。
5. 3のジャガイモを鳥の巣のように盛り、中央に4のポーチドエッグをのせ、パセリを散らす。生ハムとクレソンを添える。

a

b

ポーチドエッグ・目玉焼きで作る

牛肉のデミグラス煮込み ポーチドエッグのせ

牛肉の煮込みは、
前日から肉をマリネしておくことで、
思ったより簡単に作れます。
卵をのせてコクをプラスすると、
よりバランスのとれた一皿に。
（料理／秋元さくら）

材料（作りやすい量）

牛肉（カレー用角切り）… 約400g
赤ワイン … 200cc
ローリエ … 1枚
A
　セロリ（角切り）… 1/2本分
　ニンジン（角切り）… 1/2本分
　玉ネギ（角切り）… 1/2個分
　ニンニク（みじん切り）… 大さじ1
バター … 大さじ4
トマトペースト … 小さじ1
デミグラスソース（缶詰）
　… 1/2缶（約150g）
ケチャップ … 大さじ2
塩、コショウ … 各適量
ポーチドエッグ（p.48参照）
　… 煮込み一皿につき1個
黒粒コショウ（刻んだもの）… 少量

作り方

1. 牛肉は包丁の背で叩いてやわらかくし、塩、コショウをし、赤ワインとローリエとともにジップロックに入れて一晩冷蔵庫でマリネする。
2. 1の肉の水気を軽くクッキングペーパーでとり、バター大さじ1を熱したフライパンに入れて焼く。焼き色がついたら取り出し、フライパンにバター大さじ1を足してAを炒める。
3. 2の野菜がしんなりしてきたら1のマリネ液を入れ、アルコールをとばす。
4. 鍋に水550ccとトマトペーストを入れ、取り出しておいた牛肉をと3の野菜を入れて1時間ほど煮込む。
5. 4にデミグラスソースとケチャップを入れ、仕上げにバター大さじ2を加え、塩、コショウで味を調える。
6. 5を器に盛り、ポーチドエッグをのせ、刻んだコショウをふる。

ポーチドエッグ・目玉焼きで作る

エッグベネディクト

たまにはこんなおしゃれな料理に
チャレンジしてみませんか？
ランチの主役になれる
とってもゴージャスな一品です。

（料理／秋元さくら）

材料（4人分）

イングリッシュマフィン … 4個
ポーチドエッグ（p.48参照）… 8個
トマト（皮を湯むきし、
　5mm角に切ったもの）… 1/4個分
セルフィーユ … 少量

ソース
　卵黄 … 3個
　白ワイン … 75cc
　塩 … 少量
　バター … 60g
　生クリーム（六分立てにしたもの）
　　… 20g
　ポン酢 … 3cc
　水 … 15cc
サラダ（ベビーリーフ）… 適量

作り方

1. イングリッシュマフィンは厚みを半分に切り、直径4cmのセルクル型で抜き（a）、トーストしておく。
2. ソースを作る。ボウルに卵黄、白ワイン、塩を入れ、湯煎にかけながら泡立て器で混ぜる（b）。濃度がついてきたら溶かしたバター、泡立てた生クリーム、ポン酢、水15ccを入れて味を見る（c）。
3. 皿に1を2枚ずつ敷いてポーチドエッグを1つずつのせ、2のソースをかけてトマトとセルフィーユを飾る。サラダを添える。

a

b

c

ポーチドエッグ・目玉焼きで作る

エッグベネディクト　セージバター風味

セージバターの風味が、卵黄と混ざっておいしいソースになります。
ちょっと大人味のエッグベネディクト。
（料理／有馬邦明）

材料（2人分）

食パン（厚切り）… 2枚
卵 … 2個
A
　酢 … 大さじ2
　塩 … 大さじ1
オリーブ油 … 適量
バター … 適量
セージ … 適量
パルミジャーノ・レッジャーノ・チーズ
　（すりおろし）… 適量

ポイント

ポーチドエッグは酢を加えた湯で作る。湯が沸きすぎると割れてしまうので注意する。湯の対流をよく見ること。また、まだよく固まっていないうちに湯から取り出すと、白身の重さで壊れてしまうので注意。

作り方

1. 食パンはみみを切り落とし、薄くオリーブ油をひいたフライパンで香ばしく焼く。中央を指で押してくぼみをつけ、皿にのせておく。
2. ポーチドエッグを作る。鍋に1ℓの湯を沸かし、Aを加えて火を弱める（内側と外側の火力を別々に調節できるコンロなら、外火のみ利用する）。器に割り出しておいた卵を静かに入れ、卵白が白く浮いてきたら、卵黄を包むように菜箸で卵白をつまむ。全体が白く固まってきたら網じゃくしですくい、1のパンのくぼみにのせて、パルミジャーノ・チーズをふる。
3. バターとセージを合わせて弱火にかけた焦がしバターを、2にかける。

ポーチドエッグ・目玉焼きで作る

アスパラガスの目玉焼きのせ

アスパラガスのシンプルでおいしいイタリアの食べ方。
卵黄がソースの役割を果たします。

（料理／有馬邦明）

材料（作りやすい量）

グリーンアスパラガス … 6〜7本
卵 … 1個
塩、コショウ … 各適量
オリーブ油 … 適量
パルミジャーノ・レッジャーノ・チーズ
　　… 適量

作り方

1. グリーンアスパラガスはやわらかく塩ゆでし、水気をとって器に盛る。
2. フライパンを火にかけて温め、オリーブ油を少量ひき（テフロン加工の場合はいらない）、卵を割り入れ、蓋をして火を止める。卵黄の縁が白くなってきたら1の上にのせ、パルミジャーノ・チーズを削って散らし、コショウとオリーブ油をふる。

漬ける・凍らせる

ゆで卵や生卵に味や食感を加える、
シンプルですがおもしろい方法です。

ピリ辛卵黄のせご飯

タカノツメや花椒を加えた漬けだれに、生の卵黄を漬けておきます。
白いご飯にのせれば、中華風の卵かけご飯のでき上がり。
もちろんそのままでもおつまみになります。
（料理／田村亮介）

材料

ピリ辛卵黄（4個分）
- 卵黄 … 4個
- **漬けだれ**
  - 醤油 … 大さじ5
  - みりん … 大さじ2
  - タカノツメ（小口切りにして種を除いたもの）… 大さじ1
  - 花椒（ホワジャオ。中国山椒）… 大さじ1/2
  - ＊混ぜ合わせる。
- ご飯 … 適量
- ラディッシュ（細切り）… 適量
- 万能ネギ（小口切り）… 適量

作り方

1. ピリ辛卵黄：卵黄を壊さないように取り出し、なるべく小さめの容器に入れ、漬けだれを注ぐ（卵黄の上まで液体がかぶるように）。冷蔵庫で保存する（a）。翌日から食べられるが、3〜5日目くらいがねっとりしておいしい。
2. 器に盛ったご飯の上に1のピリ辛卵黄をのせ、好みで漬けだれもかける。ラディッシュと万能ネギを添える。

a

漬ける・凍らせる

卵黄（温泉卵）の 醤油漬けのせお粥

温泉卵の黄身を醤油漬けに。
梅干しのように調味料的に使えます。
（料理／野崎洋光）

作り方

1. 温泉卵（p.46参照）の黄身を取り出し、醤油250cc、酒50ccを合わせた中に一晩漬けておく(a)。
2. 器にお粥を盛り、1の卵黄を1つのせ、好みで洗いネギ（p.95参照）、おろし生姜を添える。

a

卵黄（生）の 醤油漬けのせとろろご飯

こちらは生卵の黄身を醤油漬けにしたものです。
卵のたれのような感覚で使えます。
（料理／野崎洋光）

作り方

1. 生卵の黄身を壊さないように取り出し、醤油250cc、酒50ccを合わせた中に一晩漬けておく(a)。
2. ご飯にすりおろした山イモをかけ、1の卵黄を1つのせ、おろしわさびを添えて、針海苔をのせる。

a

漬ける・凍らせる

味噌漬け卵黄の白扇揚げ

味噌で漬けた卵黄に油分を加えることにより、コクが加わります。
もちろん油で揚げずに、そのままお粥などにのせて食べてもけっこうです。
（料理／野﨑洋光）

材料（作りやすい量）

温泉卵（p.46参照）… 4個
味噌床
　白漉し味噌 … 100g
　酒 … 15cc
卵白（生）… 1個分
片栗粉 … 適量
揚げ油 … 適量

作り方

1. 温泉卵を器に割り出し、黄身だけを取り出す。
2. 味噌を酒でのばして味噌床を作る。
3. バットの底に2の味噌を敷き、ガーゼで包んだ1の卵黄をのせ、上にも2の味噌をのせて、一晩漬けておく（a。3日ほど漬けておける）。
4. 卵白を八分立てにし、片栗粉を加える。
5. 3の卵黄に4の衣をつけ、160℃に熱した油で揚げる。

a

漬ける・凍らせる

卵黄のるいべ

ゆで卵(7分ゆで)の醤油漬け
セロリ餡がけ

漬ける・凍らせる

塩漬け卵のお粥

塩漬け卵とほうれん草炒め

卵黄のるいべ

凍りかけた卵黄に醤油やウイスキー、はちみつの風味が混じり合ってなんともいえないおいしさ。冷凍庫に入れる前に卵黄に味をつけておくと、よくなじんでおいしくなります。ちょっとシャレたおつまみ。
（料理／有馬邦明）

材料（作りやすい量）

卵黄 … 4個
ウイスキー … 小さじ1
醤油 … 小さじ1/2
はちみつ … 大さじ1
コショウ … 少量

ポイント

- 新鮮な卵黄を使うこと。
- 冷凍時間は使用する冷凍庫による。固まらなさすぎても固まりすぎてもおいしくないので、ちょうどよい固まりぐあいになる時間を計っておくとよい。

作り方

1. ウイスキーと醤油を混ぜ合わせる。
2. 卵を割り、卵黄を傷つけないように取り出す。平らな皿などにのせて1を塗り、冷凍庫に入れる（10〜15分ほど）。
3. 触って固まりぐあいを確認し、半分凍ったぐらいで器にのせ、はちみつとコショウをかける（すぐにやわらかくなるので、早めに食べる）。

ゆで卵（7分ゆで）の醤油漬け　セロリ餡がけ

醤油漬けの卵に、少し苦みのあるセロリ餡の風味がよく合います。
（料理／野﨑洋光）

材料

卵（常温に戻しておく） … 適量
A
　水4：醤油1：みりん1（割合）
　昆布 … 5cm角1枚
　＊合わせてひと煮立ちさせ、冷ましておく。

セロリ餡（作りやすい量）
　セロリの葉 … 10g
　ご飯 … 20g
　水 … 10cc
　煮切り酢 … 5cc
　塩 … 少量
　ゴマ油 … 少量
　＊ミキサーで混ぜ合わせる。

作り方

1. 卵を沸騰した湯に入れて、7分ゆでた後、すぐに冷水にとる。殻をむく。
2. Aに、1のゆで卵を一晩漬けておく（a）。
3. 2を半分に切って器にのせ、セロリ餡をかける。

ポイント

- 4〜5時間漬ければ食べられるが、一晩ぐらい漬けたほうがおいしい。
- 酢は煮切ったものを使用したほうが、味がまろやかになる。

a

塩漬け卵のお粥

生卵を漬けだれに漬けておいて作る中国の塩漬け卵。
日持ちがするので便利です。使用するときに火を入れます。
（料理／田村亮介）

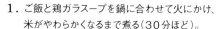

材料（3〜4人分）

ご飯 … 100g
鶏ガラスープ（または水）… 500cc
塩漬け卵（a。下記参照）… 2個
＊(b)は蒸したもの。

＊**塩漬け卵**（作りやすい量）

卵(生) … 15個
A
　水 … 1ℓ
　塩 … 300g
　花椒（ホワジャオ。中国山椒）… 3g

Aを合わせて沸騰させ、冷ます。冷めたら、きれいに洗った密封容器に入れ、生卵を殻付きのまま入れて冷蔵庫で保存する。3週間〜1ヵ月漬けておけばでき上がり。

作り方

1. ご飯と鶏ガラスープを鍋に合わせて火にかけ、米がやわらかくなるまで煮る（30分ほど）。
2. 塩漬け卵を蒸気の上がった蒸し器に入れて10分蒸し（またはゆでる）、冷水にとって冷やし、殻をむいて、みじん切りにする。
3. 1のお粥を器に盛り、2の卵を添える。

a　　b

塩漬け卵とほうれん草炒め

コクのある塩漬け卵は、調味料代わりになります。
（料理／田村亮介）

材料（2人分）

塩漬け卵（上記参照）… 1個
ホウレン草 … 100g
塩 … 少量
葱油（市販品あり。またはサラダ油）
　… 大さじ1
紹興酒 … 大さじ1
鶏ガラスープ … 100cc

作り方

1. 塩漬け卵を蒸気の上がった蒸し器に入れて10分蒸し（またはゆでる）、冷水にとって冷やし、殻をむいて、1cmほどの乱切りにする。ホウレン草は4〜5cm長さに切る。
2. 沸騰した湯に塩を入れ、ホウレン草をさっとゆで、しっかりと水気を切る。
3. 鍋に葱油を入れて熱し、紹興酒を加えて香りを出す。鶏ガラスープと1の塩漬け卵を加えて沸騰させる。
4. 3に2のホウレン草を加えて強火で炒める。

蒸して作る

温度と時間に注意して、
なめらかに仕上げましょう。
和、洋、中、それぞれの味付けで。

茶碗蒸し 麻婆ソース

蒸して作る

チーズ豆腐

満月蒸し

蒸して作る

茶碗蒸し 麻婆ソース

シンプルな茶碗蒸しに、麻婆ソースを合わせました。
麻婆豆腐とはまた違ったおいしさです。
（料理／田村亮介）

材料（2～3人分）

茶碗蒸し
- 卵 … 1個
- 鶏ガラスープ（冷めたもの） … 150cc
- 塩 … ひとつまみ

麻婆ソース
- 豚挽き肉 … 40g
- サラダ油 … 少量
- 豆板醤 … 小さじ1/2
- 甜麺醤（テンメンジャン） … 大さじ1
- ラー油 … 小さじ1
- 鶏ガラスープ … 100cc
- 醤油 … 大さじ1
- 水溶き片栗粉 … 大さじ1
- 長ネギ（白い部分。みじん切り）
    … 大さじ1
- 花椒粉（ホワジャオフェン。
    中国山椒の粉） … 少量
- 香菜 … 適量

作り方

1. 茶碗蒸しを作る。よく溶いた卵に冷めた鶏ガラスープを加え、漉して塩を加える。
2. 1を器に流し入れ、蒸気の上がった蒸し器に入れて強火で2分、その後弱火にして7分蒸し、火を消して5分蒸らす。
3. 麻婆ソースを作る。鍋にサラダ油をひき、豚挽き肉を入れてパラパラに炒める。豆板醤、甜麺醤、ラー油を加え、弱火で香りを出すように炒める。
4. 火を消し、鶏ガラスープ、醤油を加えて調味する。
5. 水溶き片栗粉を加え、再び沸騰させてとろみをつけ、長ネギ、花椒粉を加える。
6. 蒸し上がった2の上に5のソースをやさしくかけ、香菜を添える。

ポイント

ソースは、卵が崩れないようにやさしくかける。

チーズ豆腐

卵にクリームチーズを加えることにより、まろやかに。
(料理／野崎洋光)

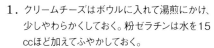

材料（作りやすい量）

A
- クリームチーズ … 125g
- 卵 … 3個
- だし汁 … 150cc
- 粉ゼラチン … 4g
- 薄口醤油 … 5cc
- 生海苔 … 35g

山イモ（すりおろしたもの）… 適量
オクラ（塩ゆでし、薄切りにしたもの）
　　… 適量
ゼリー（p.46参照）… 適量

作り方

1. クリームチーズはボウルに入れて湯煎にかけ、少しやわらかくしておく。粉ゼラチンは水を15ccほど加えてふやかしておく。
2. Aの材料をよく混ぜ合わせ、流し缶に流す。
3. 蒸気の上がった蒸し器に入れて強火で3分蒸し、蒸し器の蓋に菜箸などを挟んで隙間を作り、弱火にして更に20分蒸す。粗熱をとり、冷蔵庫で冷やしておく。
4. 3を食べやすい大きさに切って器に盛り、おろし山イモとオクラを添え、ゼリーをかける。

満月蒸し

生卵を落として蒸します。食べるときに卵を崩し、汁と合わせて食べてください。
(料理／野崎洋光)

材料（1人分）

ホタテ貝柱 … 1個
エビ … 1本
シイタケ … 1枚
ちしゃとう … 5cm
ぎんなん（ゆでて殻をむいたもの）… 2個
卵 … 1個

銀餡（作りやすい量）
- だし汁 … 200cc
- 塩 … 1g
- 薄口醤油 … 1cc
- 酒 … 1cc
- 水溶き片栗粉 … 少量
- ＊だしを温め塩、薄口醤油、酒で味つけ、水溶き片栗粉で薄くとろみをつける。

柚子皮 … 少量

作り方

1. ホタテ貝柱は、片面に格子状に切り目を入れて（菊の花に見立てる）、さっと湯に通す。エビは70℃の湯で5分ゆで、尾を残して殻をむく。シイタケは軸を切り落とし、さっと湯に通す。5cmに切ったちしゃとうは、皮をむいてさっと塩ゆでする。
2. 器に適量の銀餡と1のホタテ、シイタケを入れ、蒸気の上がった蒸し器に入れて、10～15分蒸す。
3. 2に卵を割り落とし、ちしゃとうとぎんなんを入れて、再び蒸し器に入れ、卵の表面が固まるまで中火で3分蒸す。蒸し上がったらエビを入れ、柚子皮を散らす。

蒸して作る

牡蠣清海蒸し

菜の花香るフラン

まとわせる卵

素材のまわりにつけて加熱調理することにより、
素材から抜ける水分を抑えてやわらかく仕上げたり、
おいしそうな色を加えたり。
卵の特性を活かした効果的な使い方です。

牛肉の黄身焼き

蒸して作る

牡蠣清海蒸し

茶碗蒸しに牡蠣の旨みが加わり、ひと味違う味わいに。
（料理／野崎洋光）

材料（2人分）

卵 … 1個
牡蠣（身）… 1個
生海苔 … 5g
だし汁 … 150cc
薄口醤油 … 小さじ1
銀餡（p.63参照。生姜の絞り汁を加えたもの）… 適量

作り方

1. 卵を溶き、だしと薄口醤油で味つけて、漉し器で漉し、生海苔を加える。
2. 牡蠣を裏漉し器で裏漉しし、1に加える。
3. 2を器に入れ、蒸気の上がった蒸し器に入れて強火で3分蒸し、蒸し器の蓋に菜箸などを挟んで隙間を作り、弱火にして更に10〜15分蒸す。
4. 蒸し上がったら、生姜汁を加えた温かい銀餡をかける。

菜の花香るフラン

洋風茶碗蒸し。ここでは春の素材を使いましたが、どんな野菜でも相性よく仕上がります。他のお好みの野菜でも試してみてください。
（料理／秋元さくら）

材料（100cc×4個分）

菜の花 … 1束
卵 … 2個
生クリーム … 大さじ2
A
　粒マスタード … 小さじ1/2
　マヨネーズ … 大さじ1/2
　牛乳 … 大さじ2
コンソメ（顆粒）… 小さじ1/2
塩、コショウ … 各適量

作り方

1. 鍋に水400ccとコンソメを入れて熱し、溶かす。
2. 1のうち100ccを使って菜の花をゆでる。
3. 2の菜の花の半分は冷やして飾り用に取りおき、もう半分はミキサーに入れ、煮汁を加えて撹拌し、ピューレ状にする。
4. ボウルに1の残りのコンソメスープ300ccを入れ、粗熱をとる。卵、生クリームを加えてよく混ぜ、塩、コショウをし、漉して耐熱の容器に入れ、ラップフィルムをかけて、楊枝で3ヵ所ほど穴を開ける。
5. 蒸気の上がった蒸し器に入れ、中火で3分、弱火にして5分蒸す（容器を揺らし、火の入りぐあいを確認する）。粗熱がとれたら冷蔵庫に入れて1時間冷やす。
6. 取りおいた菜の花を適宜に刻んでボウルに入れ、3のピューレを加え、Aを加えて味を調える。冷えた5の上にのせる。

牛肉の黄身焼き

卵でコーティングして弱火で焼くことにより、蒸し焼き状になってじんわりと肉に火が通り、やわらかく仕上がります。色も美しい。
（料理／野﨑洋光）

材料（2人分）
牛ステーキ肉（ランプ肉など）… 200g
卵黄 … 2〜3個
片栗粉 … 適量
塩、コショウ、サラダ油 … 各適量
合わせ薬味（作りやすい量）
　大葉（せん切り）… 5枚分
　みょうが（せん切り）… 1本分
　生姜（みじん切り）… 小1カケ分
　わけぎ（薄切り）… 1/2束分
　カイワレ菜（1cmほどに切る）
　　… 1/2パック分
　＊合わせて冷水に放し、
　よく水気を切る。

作り方
1．卵黄はバットに溶いておく。
2．牛肉を室温に戻し、塩、コショウをし、片栗粉をハケでつけ、1の卵黄をつける。
3．フライパンにサラダ油をひいて熱し、弱火にして2を入れる。下の面の卵が固まってきたら、裏返して同様に焼き上げる。少しやすませておく。
4．3を食べやすい厚さに切って、器に盛り、合わせ薬味を添える。

ポイント
・肉は脂身の多いものより赤身肉がよい。
・好みのソースや生姜醤油、芥子醤油などを添えてもよい。

まとわせる卵

鶏胸肉の黄金焼きロースト

まとわせる卵

豚ロース肉とタンのピカタ

牡蠣のおやき

まとわせる卵

鶏胸肉の黄金焼きロースト

とろみのあるマリネ液をからめて焼くことにより、蒸し焼き状態になり、肉がやわらかく仕上がります。
(料理／有馬邦明)

材料（2人分）

鶏胸肉 … 1枚
マリネ液（作りやすい量）
　醤油 … 大さじ1
　日本酒 … 大さじ1
　ゴマ油 … 大さじ1
　メープルシロップ … 大さじ2
　粒コショウ（刻んだもの）… 少量
卵黄 … 1個
ポロネギのバター炒め … 適量
　鍋にバターを溶かし、刻んだポロネギを入れてゆっくり炒め、塩で味を調える。

作り方

1. マリネ液の材料を鍋に合わせて一度沸かし、火からおろして冷ます。
2. 鶏胸肉を、1のマリネ液に30分ほど漬けておく。
3. フライパンを火にかけ、2の鶏肉をマリネ液ごと入れて焼く。下側に火が通ってきたら裏返す。表面に溶いた卵黄をハケで塗り、180℃のオーブンに入れる。表面に照りが出てきたらまた裏返し、卵黄を塗って再びオーブンに入れる。これを何度か繰り返し、最後に上になる面に卵黄を厚めに塗って焼き上げる。
4. 3を食べやすく切り分けて器に盛り、ポロネギのバター炒めを添える。

まとわせる卵

豚ロース肉とタンのピカタ

卵黄でコーティングすることにより、
肉がやわらかく黄金色に焼き上がります。
（料理／有馬邦明）

材料（2人分）

豚ロース肉（1cm厚さ）… 2枚
豚タン … 6枚
A
　卵黄 … 2個
　生クリーム … 大さじ2
　パルミジャーノ・レッジャーノ・チーズ
　　（すりおろし）… 大さじ1
塩、コショウ … 各適量
オリーブ油 … 適量
バター … 適量
好みのソース（デミグラスソースなど）
　　… 適量

作り方

1．豚ロース肉とタンは筋切りをし、塩、コショウをする。
2．ボウルにAを入れてよく混ぜ合わせる。
3．フライパンにオリーブ油を熱し、バターをひとかけ加え、1の豚ロース肉とタンに2をつけて入れ、弱火でゆっくり焼く。
4．表面の卵が固まってほんのりと焼き色がついたら、取り出して油を切る。器に盛り、温めた好みのソースを添える。

ポイント

弱火で焼く。焼いている途中で肉を動かさない。

牡蠣のおやき

卵黄を加えた衣で包んで焼いて、香ばしく。
（料理／有馬邦明）

材料（2人分）

牡蠣（身）… 6個
A
　卵黄 … 2個
　醤油 … 小さじ1
　小麦粉 … 大さじ1
　みりん … 大さじ1
ニンニク（薄切り）… 適量
春菊（葉）… 適量
ゴマ油 … 適量
粉山椒 … 適量
バルサミコ酢、塩 … 各適量

作り方

1．牡蠣は軽く塩ゆでし、水気をとっておく。
2．Aは混ぜ合わせておく。
3．1の牡蠣に2をつけ、ゴマ油を熱したフライパンに入れ、ニンニクを加えて焼く。焼き色がついたら器に盛り、粉山椒をふる。
4．3のフライパンに残った油とニンニク、バルサミコ酢、塩を春菊に加えて和え、牡蠣に添える。

まとわせる卵

パプリカ肉詰め

卵黄と醤油、メープルシロップを合わせたたれを塗りながら焼くことで、
甘みと焼き色がつきます。
(料理/有馬邦明)

材料（2人分）

赤パプリカ … 2個
つくね
　鶏挽き肉 … 200g
　卵黄 … 4個
　パルミジャーノ・レッジャーノ・チーズ
　　（すりおろし）… 大さじ4
　玉ネギ（みじん切り）… 大さじ2
A
　卵黄 … 1個
　醤油 … 大さじ1
　メープルシロップ … 大さじ3

作り方

1. パプリカは縦半分に切り、種を除く。
2. つくねの材料を、よく混ぜ合わせる。
3. Aは混ぜ合わせておく。
4. 1に2をこんもり詰める。
5. 天板にアルミホイルを敷いて4をのせ、160〜180℃のオーブンに入れて焼く。途中でつくねの表面に3をハケで塗りながら、焼き上げる（15分ほど）。

芥子れんこん 卵黄焼き

カラシがしっかりときいた、日本酒によく合うおつまみです。
(料理／有馬邦明)

材料（2人分）

レンコン（皮をむいて塩ゆでし、
　厚切りにしたもの）… 2枚
A
　ゆで卵の黄身（ほぐしたもの）… 1個分
　トウモロコシ（ゆでてつぶした実。
　　缶詰でもよい）… 大さじ3
　塩 … 適量
　練りガラシ … 小さじ1
卵黄 … 1個
オリーブ油 … 適量
パルミジャーノ・レッジャーノ・チーズ
　（すりおろし）… 適量
塩漬けケイパー（梅干しなどでもよい）
　　… 適量

作り方

1. Aをよく混ぜ合わせる。
2. レンコンの穴に、1を詰める（スプーンで押しつけるようにして）。両面に溶いた卵黄をつけ、オリーブ油を熱したフライパンに入れる（固まるまで動かさない）。
3. 下の面が固まったら裏返し、全体に焼き色がついたらチーズをふる。
4. 器に盛り、ケイパーを刻んでのせる。

ポイント

卵をつけて焼くことにより、表面がコーティングされて詰め物が出ない。

まとわせる卵

海老黄身煮

卵黄をからめることにより、しっとりと、色も美しく仕上がります。
エビは低温で火を通すと、身が固くなりません。
(料理／野﨑洋光)

材料（2人分）

才巻きエビ … 4本
菜の花 … 2本
ウド … 4cm長さ
卵黄 … 1個
片栗粉 … 適量
塩 … 適量
A
  ┃ だし汁 … 200cc
  ┃ みりん … 25cc
  ┃ 薄口醤油 … 15cc
生姜（薄切りにし、三角形に切ったもの）
  … 少量

作り方

1. エビは掃除をし、尾を残して殻をむき（尾の先端は切り落とす）、腹開きにする。菜の花は4cmに切り、70～80℃の湯で2分塩ゆでしておく。ウドは皮をむいて縦半分に切り、短冊に切って下ゆでする。
2. エビの身に片栗粉をまぶし、溶いた卵黄をからめる。
3. 鍋にAを合わせて沸かし、弱火にする。2のエビを入れてゆっくり火を通す。
4. 3の卵黄が固まったらウドと菜の花を入れてさっと温め、器に盛る。生姜を散らす。

まとわせる卵

海老黄身揚げ煮

こちらは卵黄をからめたエビを、油で揚げます。
油が加わることにより、味にコクが出ます。
（料理／野崎洋光）

材料（2人分）

才巻きエビ … 6本
卵黄 … 1個
ミツバ（3cm長さに切る）… 1/3束分
大根おろし … 100g
片栗粉 … 適量
A
　だし汁 … 200cc
　薄口醤油 … 30cc
　酒 … 30cc
揚げ油 … 適量

作り方

1. エビは掃除をし、尾を残して殻をむき（尾の先端は切り落とす）、背開きにする。身に片栗粉をまぶし、溶いた卵黄をからめる。
2. 揚げ油を140℃に熱し、1を入れて揚げる。黄身が固まって浮いてきたら、引き上げて油を切る（a）。
3. 鍋にAを合わせて沸かし、弱火にする。2のエビを入れて煮含める。
4. 3にミツバと大根おろしを加え、温める程度に熱し、器に盛る。

ポイント

低温の油で揚げること。油の温度が150℃以上になると、黄身が固まりすぎてまずくなる。また衣から泡が出て、油も汚れてしまう。

a

> # たれ・ソース
>
> 卵の自然なとろみとコクは、
> たれやソースのベースとしてぴったり。
> 加える調味料により、さまざまなバリエーションが生まれます。

鯵と独活黄身芥子がけ

黄身芥子は魚介類によく合います。こんなふうにたれとしてかける他、
魚介や大徳寺麩などに塗って焼くような使い方もできます。
（料理／野崎洋光）

材料（4人分）

アジ … 1尾
エビ（塩ゆでして殻をむいたもの） … 4本
ウド … 4㎝×2本
防風 … 2本
塩、酢 … 各適量
黄身芥子
　A
　　卵黄 … 3個
　　砂糖 … 大さじ1
　　酢 … 大さじ1
　　薄口醤油 … 小さじ1
　練りガラシ … 適量

作り方

1. アジは掃除して三枚におろす。塩をふって20分おいた後、塩を洗い流して水気をふく。
2. バットに1のアジをのせ、酢をひたひたに入れて5分ほどおいて、水気をふき取る。
3. 腹骨をかいて、小骨を骨抜きで抜き、頭側から皮をむく。
4. 身を4㎝長さに切り、それぞれを4等分に切る。
5. ウドは厚めに皮をむいて縦半分に切り、酢水に浸ける。防風は2等分に裂く。
6. ボウルにAを合わせ、湯煎にかけてとろみがつくまで練り、湯煎からおろして冷ます。冷めたら目の細かい網で漉し、練りガラシを混ぜ合わせて黄身芥子を作る。
7. 器に4、5、エビを盛り合わせ、6をかける。

いかとほうれん草 黄身ヨーグルトがけ

この黄身ヨーグルトも、魚介によく合います。
（料理／野崎洋光）

材料（4人分）

スルメイカ（胴）… 1パイ
ホウレン草 … 2株
黄身ヨーグルト
　A
　　卵黄 … 3個
　　砂糖 … 大さじ1
　　酢 … 大さじ1
　　薄口醤油 … 小さじ1
　ヨーグルト（プレーン）… 大さじ1

ポイント

イカは70℃で加熱すると、甘みが出る。

作り方

1. イカの胴は切り開いて1枚にし、ふきんで水気をしっかりふいてから皮をむく。
2. 身の表側に、縦に5mm間隔ほどで包丁目を入れ、70℃の湯に10秒ほど入れて霜降りする。ホウレン草はゆでて、水気を絞る。
3. 2のイカを、表側を下にして置き、ホウレン草を横長に置いて芯になるよう巻き、食べやすい厚さに切って、器に盛る。
4. ボウルにAを合わせ、湯煎にかけてとろみがつくまで練り、湯煎からおろして冷ます。冷めたら目の細かい網で漉し、ヨーグルトを混ぜ合わせて黄身ヨーグルトを作る。3にかける。

ほたるいかとおくらのマリネサラダ

ホタルイカの内臓が、卵黄を使ったソースをからめることで、よりおいしく食べられるようになります。
(料理／有馬邦明)

材料（2〜3人分）

ホタルイカ（ゆでたもの）… 150g
オクラ … 6本
塩 … 適量
A
　卵黄 … 1個
　粒マスタード … 小さじ1
　白ワインヴィネガー … 小さじ2
　味噌 … 小さじ1/2
イタリアンパセリ（みじん切り）… 適量
オリーブ油 … 大さじ1

作り方

1. Aをボウルでよく混ぜ合わせておく。
2. ホタルイカは目、クチバシ、中骨を取り除き、軽く塩ゆでする。オクラは軽く塩ゆでし、厚めの小口切りにする。
3. 1に2のホタルイカ（温かいうちに）とオクラ、イタリアンパセリ、オリーブ油を入れて和える。

ポイント

- 味噌の味によっては、砂糖や塩で味を調整するとよい。
- ホタルイカはゆでてあるものでも、さっと塩ゆでしてから使用する。温かいうちにドレッシングで和えると味が染みる。

たれ・ソース

ポテトフライとツナ
オランデーズソース

そのままでも充分おいしいポテトフライですが、
酸味のきいたオランデーズソースをかけることでお酒との相性が抜群に。
大人も喜ぶ一品になります。
(料理／秋元さくら)

材料（作りやすい量）

フライドポテト用カットポテト(市販。冷凍)
　　… 200g
ツナ（油漬け缶詰）… 大さじ2
塩 … 適量
揚げ油 … 適量
オランデーズソース
　卵黄 … 2個
　水 … 40〜50cc
　溶かしバター … 150cc
　ツナ缶の油 … 大さじ1
　塩、コショウ … 各適量
　レモン果汁 … 少量
パセリ（みじん切り）… 少量

作り方

1. オランデーズソースを作る。ボウルに卵黄と分量の水を入れ、65〜70℃の湯煎にかけて泡立て器でよく泡立てる。もったりしてボウルの底が見えるようになるまで、しっかり泡立てながら卵に火を通す。
2. 湯煎からはずし、溶かしバターを加えながら混ぜて乳化させていく。同時にツナの油も加える。塩、コショウ、レモン果汁で味を調える。
3. フライドポテト用ポテトを180℃の油で揚げる（二度揚げするとカリッとした食感になる）。油を切り、塩をする。
4. 3を器に盛り、ツナをのせ、上からオランデーズソースをかける。パセリをふる。

たれ・ソース

ハンバーグ 卵黄ソース

温かいハンバーグの上で卵黄にやさしく火が入り、ソース状になります。
(料理／有馬邦明)

材料(2人分)

ハンバーグ
　合挽き肉 … 300g
　玉ネギ(みじん切り) … 大さじ2
　赤トウガラシ(粉) … 少量
　コショウ … 少量
　パン粉 … 大さじ2
　卵 … 1個
オリーブ油 … 適量
チーズ(ここではカチョカヴァロを使用したが、他の溶けるタイプのチーズでもよい) … 適量
卵黄 … 1個
ミックスサラダ … 適量

作り方

1. ハンバーグの材料をボウルに合わせてよく練る。両手のひらの間を行き来させながら空気を抜き、ラグビーボール形にまとめる。
2. フライパンに少し多めのオリーブ油をひいて熱し、フライパンを傾けて手前側に油をため、ここに1を入れて焼きはじめる。下側に焼き色がついたら裏返す。転がしながらゆっくりと表面全体を焼いたら、180℃のオーブンに入れる。
3. 火が通ったらチーズをのせ、チーズが溶けたらオーブンから出す。
4. 器に盛り、崩した卵黄をかける。ミックスサラダを添える。

鶏せせりのハンバーグ 卵のソース

とろっとした温泉卵のコクと
バターたっぷりのソースが、
鶏肉のハンバーグによく合います。
焼き鳥のつくねをイメージして作りました。
(料理/秋元さくら)

材料 (4人分)

鶏せせりのハンバーグ
- 鶏せせり*(鶏モモ肉でも可)… 640g
- 卵 … 1個
- 生パン粉 … 50g
- 塩 … 7g
- サラダ油 … 少量

温泉卵(市販)… 4個

ポン酢のブールブランソース
- 玉ネギ(みじん切り)… 50g
- 酒 … 100cc
- バター … 40g
- 醤油 … 少量
- ポン酢 … 10cc
- 塩 … 少量

ベビーリーフ、ブロッコリースプラウト
　… 各適量

＊鶏のせせりは鶏の首の部分の肉。歯応えと旨みがある。小肉とも呼ばれる。

作り方

1. 鶏せせりのハンバーグを作る。鶏せせりをフードプロセッサーで細かくし、ボウルに入れ、塩を加えてよく練る。卵と生パン粉を入れてよく混ぜる。
2. 1を1人分160gに分けて形作り、サラダ油を熱したフライパンで焼く。
3. 温泉卵をボウルに割り出し、泡立て器でよく混ぜる。
4. ポン酢のブールブランソースを作る。鍋にバター(分量外)を入れ、玉ネギを炒める。酒を加え、1/3量に煮詰める。バターを加えてしっかり混ぜ合わせ、醤油、ポン酢を加え、塩で味を調える。
5. 2のハンバーグを器に盛り、3の卵のソースと4のソースをかける。ベビーリーフとブロッコリースプラウトを合わせてのせる。

卵白で作る

脇役的に扱われることも多い卵白ですが、
卵黄とはまた違ったおいしさがあります。
さっぱりとして、合わせる素材の味も引き立てます。

卵白で作る

卵白かに玉

卵白で作るかに玉は、さっぱりとして具材の味も引き立ち、
食べ飽きないおいしさです。卵白は弱火でゆっくり火が入れられるので、
あわてずに作ることができます。
(料理／田村亮介)

材料（2〜3人分）

卵白 … 2個分
片栗粉 … 大さじ1/2
カニ肉（ほぐす）… 60g
干しシイタケ（水に浸けて戻し、細切り）
　… 10g
タケノコ（ゆでたもの。細切り）… 10g
生姜（細切り）… 3g
サラダ油 … 適量
餡
　鶏ガラスープ … 200cc
　A
　　塩 … 小さじ1/2
　　オイスターソース … 小さじ1
　　コショウ … 少量
　水溶き片栗粉 … 大さじ2

作り方

1. 卵白をボウルに入れ、しっかりと泡立てる(a)。片栗粉を加えてよく混ぜる。
2. 鍋にサラダ油を少量入れ、カニ肉と干しシイタケ、タケノコ、生姜を入れ、弱火で炒めて香りを出す(b)。1に加えてよく混ぜる(c)。
3. フライパンを温めてサラダ油を少量ひき、2を入れて丸く形作る(de)。弱火でゆっくりと焼き、下の面が少し色づけば裏返す。まわりに油を少量足し(f)、はみ出た部分は横から押し戻す。余分な油はペーパーでふき取り(g)、同様に弱火でゆっくりと焼く。指で押してみて、弾力が出ていたら焼き上がり(h)。器に盛る。
4. 餡を作る。鍋に鶏ガラスープを入れて熱し、Aで調味する。火を消してすぐに水溶き片栗粉を加えて再び火をつけ、とろみをつける(i)。3の上からかける。

卵白で作る

帆立貝柱と卵白のふわふわ炒め

ふわふわでなめらかな卵白がホタテ貝柱を包みます。
油は最小限に抑えることができるので、さっぱりと食べられます。
（料理／田村亮介）

材料（2人分）

帆立貝柱（生）… 2個
干し貝柱 … 15g
長ネギ（白い部分。細切り）… 5g
生姜（細切り）… 2g
卵白 … 1個分
五色あられ（市販）… 適量
片栗粉 … 小さじ1
サラダ油 … 大さじ1/2
A
　鶏ガラスープ … 100cc
　無糖練乳 … 大さじ1
　塩 … 小さじ1/4
　オイスターソース … 小さじ1/3
水溶き片栗粉 … 大さじ1

作り方

1．干し貝柱は、水に一晩浸けてから1時間蒸してやわらかく戻し、ほぐす。
2．帆立貝柱は十字に切り分け、片栗粉をまぶし、さっとゆでる。
3．卵白は八分立てにする（a）。
4．鍋にサラダ油を熱し、長ネギ、生姜を入れて炒め、香りを出す。Aと1の干し貝柱を入れて、弱火で少し煮る。
5．4に2の帆立貝柱を入れ（b）、まだ半生のうちに水溶き片栗粉を加えてとろみをつけ、3の卵白を入れて、弱火で混ぜ合わせる（cd）。
6．器に盛り、あられを添える。

a

b

c

d

卵白とささみのおぼろ風スープ麺

四川の伝統料理を麺仕立てでアレンジ。
中華麺以外に素麺、うどんでもおいしく作れます。
(料理／田村亮介)

材料 (1人分)

中華麺 … 1玉
鶏ささみ … 100g

A
| 卵白 … 2個分
| 鶏ガラスープ (冷めたもの) … 200cc

B
| 塩 … 小さじ1/3
| 水溶き片栗粉 … 大さじ1

C
| 鶏ガラスープ … 500cc
| 塩 … 小さじ1

金華ハム (無ければ普通のハム)
　… 適量

作り方

1. 鶏ささみの筋を取り除き、Aとともにミキサーにかける。Bを加えてペースト状にする (a)。
2. 鍋にCを入れて沸騰させる。スープを常に混ぜながら、1のペーストを200g注ぎ入れる (b)。
3. 中火にして4〜5分煮て (ここで鶏肉と卵白の旨みをスープに出す)、スープが澄んできたら (c)、ゆでた中華麺を入れた器に注ぎ入れる。
4. 削った金華ハムをふる。

ポイント

- ペーストの濃度が大事。
- ペーストを入れるときは、スープを常に混ぜながら。

a

b

c

卵白蒸しの干し貝柱ソース

珍しい、卵白を使った蒸し物です。
（料理／田村亮介）

材料（2人分）

卵白 … 2個分
鶏ガラスープ（冷めたもの）… 40cc
無糖練乳 … 大さじ1/2
干し貝柱ソース
　干し貝柱（戻したもの*）… 10g
　鶏ガラスープ … 100cc
　塩 … ひとつまみ
　コショウ … 少量
　水溶き片栗粉 … 小さじ2
クコの実（戻したもの）… 2個
＊干し貝柱は、水に一晩浸けてから30分蒸してやわらかく戻し、ほぐす。

作り方

1．卵白と鶏ガラスープを混ぜ合わせ、しっかりとコシを切って混ぜる。漉して、無糖練乳を加えて混ぜる。
2．1をバットなどに移し、ラップフィルムをかけて蒸気の立った蒸し器に入れ、強火で5〜6分蒸す。
3．干し貝柱ソースを作る。鍋に鶏ガラスープ、塩、戻した干し貝柱を入れて火にかけ、コショウで調味し、水溶き片栗粉を加えて軽くとろみをつける。
4．蒸し上がった2をすくって器に盛り、上から3のソースをかけ、クコの実を添える。

ポイント

干し貝柱ソースのとろみは、薄いほうがよい。

卵白で作る

蟹の柴蒸し

カニや野菜のおいしさを邪魔しない、卵白を使った蒸し物です。
卵白自体のおいしさも味わえます。
(料理／野﨑洋光)

材料（1人分）

卵白 … 1個分
カニ肉（ゆでるか蒸したもの）… 50g
ニンジン … 5g
ゴボウ … 10g
ミツバ … 1株分
薄口醤油 … 少量
銀餡（p.63参照。生姜の絞り汁を
　加えたもの）… 適量

作り方

1. ニンジンとゴボウは4cm長さのせん切りにし、さっとゆでておく。ミツバは4cm長さに切る。
2. 卵白をボウルで泡立て、カニ肉、ニンジン、ゴボウ、ミツバ、薄口醤油を加えて混ぜ、カニの殻に詰める。
3. 蒸気の上がった蒸し器に入れ、中火で蒸す。上から軽く押してみて、弾力があるようになれば取り出し、温めた銀餡をかける。

ポイント

強火で蒸すと、膨らんでその後しぼんでしまう。また、蒸し足りないとおいしくないので、蒸し加減に注意する。

うずらの卵で作る

大きさも形もおつまみむき。
味と食感の異なる楽しい4品です。

うずらの卵のピクルス

うずらの卵のエスカルゴ仕立て

うずらの卵で作る

<u>スパイシーチキンと卵の串揚げ</u>

<u>うずらの卵のフリット</u>

うずらの卵で作る

うずらの卵のピクルス

おつまみや料理の付け合わせとして使えるピクルスです。
日持ちがするので作っておくと便利。季節の根菜と一緒に漬け込むと、
香りや歯応えの変化が楽しめます。
（料理／有馬邦明）

材料（作りやすい量）

うずらの卵（常温に戻しておく）… 10個
ゴボウ … 適量
赤大根 … 適量
赤トウガラシ（生または乾燥）… 1本
塩 … 適量
ピクルス液
　水 … 250cc
　白ワインヴィネガー … 100cc
　塩 … 4.2g（液体量の1.2％）
　砂糖 … 小さじ1
　ドライトマト … 1個
　コリアンダーシード … 小さじ1/2
　ローリエ … 1枚

作り方

1. ピクルス液の材料を合わせて沸かし、冷ましておく。
2. ゴボウと赤大根は、1％の塩を加えた湯で軽くゆで、保存容器の大きさに合わせて食べやすく切る。
3. うずらの卵は、下の部分をスプーンの背などで軽く叩いてひびを入れてからゆで（殻がむきやすくなる）、殻をむく。
4. 保存容器に2と3、赤トウガラシを合わせて入れ、1のピクルス液を注いで蓋をし、冷蔵庫に入れておく（1週間ほど漬けておくと、おいしくなる）。

うずらの卵のエスカルゴ仕立て

ちょっとしたおつまみにもパーティー料理にもなる一品です。
エスカルゴバターの香ばしさが食欲をそそります。
（料理／秋元さくら）

材料（作りやすい量）

うずらの卵（常温に戻しておく）… 20個
エスカルゴバター
　バター … 100g
　パセリ … 20g
　ニンニク … 4g
　コショウ … 2g
　醤油 … 5g
　塩 … 少量
　＊フードプロセッサーでよく混ぜる。
パン粉 … 少量

作り方

1. うずらの卵は、沸騰した湯に入れて2分ゆでる。冷水にとり、殻をむく。
2. エスカルゴディッシュに1を入れ、それぞれにエスカルゴバター少量とパン粉をのせ、230℃のオーブンで8分焼く。

うずらの卵で作る

スパイシーチキンと卵の串揚げ

パン粉をつけて揚げた卵は、えも言われぬほど美味。
食べ応えのある鶏肉と合わせて揚げれば、テーブルが華やぐ豪華な一品に。
（料理／秋元さくら）

材料（6本分）

鶏モモ肉 … 1枚
うずらの卵（常温に戻しておく）… 12個
A
　ケチャップ … 大さじ2
　ソース … 大さじ1
　醤油 … 大さじ1
　ニンニク（すりおろし）… 少量
　コショウ … 少量
　クミンシード（またはトウガラシ）… 少量
B
　小麦粉 … 100g
　卵 … 1個
　牛乳 … 100g
パン粉 … 少量
揚げ油 … 適量
パセリ（みじん切り）… 適量

作り方

1. Aの材料をすべて混ぜ合わせ、鶏モモ肉を漬けておく（約20分）。
2. うずらの卵は、沸騰した湯に入れて2分ゆでる。冷水にとり、殻をむく。
3. 1の鶏肉を12等分に切り、2のうずらの卵と交互に2個ずつ串に刺す。
4. Bを混ぜ合わせて3にからめ、パン粉をつけ、180℃の油で2分ほど揚げる。
5. 油を切って器に盛り、パセリをふる。

うずらの卵のフリット

殻付きのままゆっくりと素揚げすることで、
殻ごと食べられ、カルシウムも補給。カリカリした殻の食感がおもしろい。
（料理／有馬邦明）

材料（作りやすい量）

うずらの卵（常温に戻しておく）… 10個
揚げ油 … 適量
塩 … 適量

ポイント

・破裂しないよう、殻には必ずひびを入れておく。入れるのは必ず下側。
・あまり早く油から上げてしまうと、中まで火が通らないので注意。

作り方

1. うずらの卵は、下の部分をスプーンの背などで軽く叩いてひびを入れておく。
2. 揚げ油を160〜170℃ほどに熱し、1を入れて30秒〜1分ほど素揚げする（泡が小さくなってくるまで）。
3. 油を切って器に盛り、塩を添える（塩をつけながら、殻ごと食べる）。

ご飯・麺

卵は完全栄養食品。
一品で済ませたい食事には、
意識して取り入れたい食材です。

親子丼

ご飯・麺

とろ玉ご飯

卵かけご飯

93

ご飯・麺

親子丼

味がくどくないので、いくらでも食べられる親子丼。
だしの代わりに水を使い、卵や具材に火を通しすぎないのがポイントです。

（料理／野﨑洋光）

材料（2人分）

鶏モモ肉 … 200g
長ネギ … 1/2本（40g）
玉ネギ … 1/4個（70g）
卵 … 2個
ミツバ … 1/3束
A
　水 … 150cc
　薄口醤油 … 20cc
　みりん … 10cc
ご飯 … 丼2杯分

作り方

1. 鶏肉は一口大に切り、ザルに入れて熱湯にくぐらせ、霜降りする。
2. 長ネギは5mm幅、5cm長さほどの斜め切りにし、玉ネギは横1cm幅に、ミツバは3cm長さに切る。
3. 鍋に玉ネギ、1の鶏肉、Aを入れて火にかける。
4. 鶏肉に8割程度火が通ったらいったん取り出し（a）、鍋には長ネギを入れて更に煮ていく（b）。
5. ネギに火が通ったら鶏肉を戻し入れ（c）、煮立ったら、溶いた卵をまわし入れて火を止め（de）、ミツバを散らして蓋をする。
6. 器にご飯を盛り、半熟になった5をのせる。

ポイント
一度鶏肉を取り出し、余熱で火を通すと固くならない。

とろ玉ご飯

とろとろに火を入れた、具入り卵をのせたご飯です。
これもだしで作るより、水で作ったほうがすっきりとしておいしい。
（料理／野崎洋光）

材料（2人分）

エビ … 2本
オクラ … 4本
卵 … 3個
A
| 水 … 60cc
| 薄口醤油 … 小さじ2
| コショウ … 適量
サラダ油 … 小さじ1
ご飯 … 丼2杯分

作り方

1. エビは背ワタを取り、70℃の湯で5分ゆでる。殻をむき、1cm幅に切る。オクラは上下を少し切り落として種を取り、軽くゆでて、5mm厚さの小口切りにする。
2. ボウルに卵とAを合わせて溶いておく。
3. フライパンを火にかけてサラダ油をひき、温まったら2と1を入れ、ヘラで混ぜながら火を入れる（a）。余熱で半熟になるくらいで火を止める。
4. 器にご飯を盛り、3をのせる。

卵かけご飯

僕がおいしいと思う卵かけご飯がこれです。卵白＋ご飯のおいしさ、卵黄＋ご飯のおいしさ、全卵＋ご飯のおいしさが、順に楽しめます。
（料理／野崎洋光）

材料（2人分）

ご飯 … 茶碗2杯分
卵 … 2個
長ネギ（白い部分）… 1/4本
醤油、わさび（すりおろし）… 各適量
もみ海苔 … 適量

ポイント

醤油は卵ではなく、ご飯のほうにかける。

作り方

1. 卵は卵黄と卵白に分け、卵白は軽く箸で溶きほぐす。
2. 長ネギは薄い小口切りにし、ガーゼで包んで水洗いして絞り、洗いネギにする。
3. 茶碗にご飯を一文字になるように盛り、醤油をかける。ご飯の両側に卵黄と卵白を別々に入れ、洗いネギ、おろしわさび、もみ海苔をのせる。

ご飯・麺

玉子寿司

ご飯・麺

散らし寿司

玉子寿司

海苔の代わりに、甘い卵焼きで巻いて作る巻き寿司です。
海苔巻きより豪華に見えて、ご馳走感があります。
(料理/野崎洋光)

材料(1本分)

寿司飯(米1合分)
米 … 1合
A(寿司酢)
　酢 … 18cc(大さじ1強)
　砂糖 … 12g(大さじ1 1/3)
　塩 … 5g(小さじ1弱)
B(寿司薬味)
　大葉(みじん切り) … 3枚分
　生姜(みじん切り) … 5g
　白ゴマ … 大さじ1
かんぴょう … 25g
シイタケ … 2枚
C
　水 … 400cc
　みりん … 50cc
　醤油 … 25cc
　砂糖 … 大さじ1
卵生地
はんぺん … 100g
卵 … 3個
D
　小麦粉 … 大さじ4
　はちみつ … 大さじ4
　薄口醤油 … 大さじ1
ミツバ(ゆでて冷水にとり、
　水気を絞ったもの) … 10本
紅生姜 … 50g
塩、サラダ油 … 各適量

作り方

1. 寿司飯を作る。米は水に浸して15分おき、ザルに上げて15分おいてから、200ccの水でご飯を炊く(300g強になる)。
2. Aを混ぜ合わせ、炊き上がったご飯に加えて合わせる。Bの薬味を加えて混ぜる。でき上がったらバットにあけ、塗らしたサラシなどをかぶせて乾かないようにして冷ましておく。
3. かんぴょうはぬるま湯に浸し、しんなりしたら塩もみし、水で洗い、更に水の中でもみ洗いして水気を絞り、20cmほどに切っておく。シイタケは軸を取り、熱湯にさっと通して霜降りする。
4. 鍋に3のかんぴょうとシイタケ、Cを合わせて落とし蓋をし、中火で汁気がなくなるまで煮る。煮上がったらザルに上げて汁気を切る。
5. 卵生地を作る。はんぺんをフードプロセッサーで細かいペースト状にし、Dを加えて更に攪拌し、卵を入れて軽く混ぜる。
6. 21cm×21cmサイズの卵焼き器を火にかけてサラダ油をひき、温まったら5を5mm高さほど入れて蓋をし、弱火で焼く。表面が乾いてきたら(焼き目はつけない)裏返して焼き上げる。
7. まきすに6の卵焼きをのせ、寿司飯を200gのせて広げ、手前のほうに4のかんぴょう、薄切りにしたシイタケ、ミツバ、紅生姜を並べ、まきすごと手前からのの字に手早く巻き込む(卵が割れないように注意)。
8. まきすの両端を輪ゴムでとめて少しおいてから、食べやすい大きさに切る。

散らし寿司

春をイメージした散らし寿司です。たっぷりの錦糸玉子の間に、
丸まったエビやわらび、木の芽を配し、
土の中から芽が出てきたような盛り付けで。
（料理／野崎洋光）

材料（作りやすい量）

才巻きエビ（ゆでて殻をむいたもの）
　　…2本
わらび … 2本
もみ海苔 … 適量
木の芽 … 5枚
寿司飯（米1合分）
　＊前頁参照
錦糸玉子（作りやすい量）… 1枚使用
　C
　　卵 … 2個
　　薄口醤油 … 小さじ1/2
　　砂糖 … 小さじ1
　サラダ油 … 適量

作り方

1. 前頁同様にご飯を炊き、寿司酢と薬味を混ぜて、寿司飯を作る。でき上がったらバットにあけ、塗らしたサラシなどをかぶせて乾かないようにして冷ましておく。
2. 錦糸玉子を作る。Cの材料をボウルで混ぜ合わせ、サラダ油を熱したフライパンで薄く焼く（1枚を使用する）。4cm幅に切ってからせん切りにする。
3. わらびはアク抜きをして4cm長さに切る。
4. 器に寿司飯を敷き、2の錦糸玉子と海苔を7：3の割合で敷き詰め、エビ、わらびをのせ、木の芽を散らす。

ご飯・麺

湯煎で作るとろっと天津飯

ご飯・麺

卵チャーハン

湯煎で作るとろっと天津飯

ご飯にかに玉をのせる天津飯。
本来かに玉は油をたっぷり使って手早く作りますが、
この方法なら油も使わず、あわてることもなく、
ふわっとしたかに玉が作れます。

（料理／田村亮介）

材料（1人分）

カニ肉 … 60g
卵 … 2個
長ネギ（みじん切り） … 大さじ1
ご飯 … 200g
餡
　鶏ガラスープ … 200cc
　醤油 … 大さじ1/2
　オイスターソース … 大さじ1
　水溶き片栗粉 … 大さじ1 ½
芽ネギ … 適量

作り方

1. ボウルにほぐしたカニ肉、卵、長ネギを入れてよく混ぜる。
2. 1を湯煎にかけ、絶えずかき混ぜながら火を入れる（ab）。ほどよくとろっとしてきたら（c）、器に盛ったご飯の上にのせる。
3. 餡を作る。鶏ガラスープ、醤油、オイスターソース、水溶き片栗粉を鍋に入れて火にかける。絶えず混ぜながら熱し、沸騰してとろみがついたら2にかける。芽ネギを添える。

ポイント

- はじめはなかなか固まらないが、火が入りはじめると一気に固まるので、火が入りすぎないよう注意する。
- 湯煎の湯気が熱いので、やけどに注意する。

a

b

c

ご飯・麺

卵チャーハン

シンプルに、卵とネギの風味を楽しむチャーハンです。
（料理／田村亮介）

材料（2人分）

ご飯 … 250g
卵 … 2個
長ネギ（白い部分。みじん切り）
　… 大さじ2
塩 … 小さじ1/3
オイスターソース … 小さじ1/2
醤油 … 少量
サラダ油 … 少量

作り方

1. ボウルに卵を割り入れて溶き、温かいご飯を加えてよく混ぜる（a）。塩とオイスターソースも加えて混ぜる。
2. 中華鍋（またはフライパン）にサラダ油を熱し、1を入れる（b）。強火でご飯をほぐしながら炒め（cd）、卵が加熱されてパラパラになってきたら、醤油を鍋肌から入れる。
3. 長ネギを加えて強火で炒め（e）、香りを出してでき上がり。

ポイント

ご飯にあらかじめ卵を混ぜておくと、米がコーティングされて、仕上がりがパラパラになりやすくなる。

ご飯・麺

卵のリゾット

ご飯・麺

カルボナーラ

卵のリゾット

仕上げに卵黄を加えることで、ふんわりやさしく仕上がります。
（料理／有馬邦明）

材料（2人分）

米 … 1カップ
スペルト小麦（その他の雑穀でもよい）
　　… 大さじ1
卵黄 … 2個
玉ネギ（みじん切り）… 小さじ1
ブロード（鶏ガラスープでよい）… 1ℓ
日本酒 … 少量
パルミジャーノ・レッジャーノ・チーズ
　（すりおろし）… 適量
生クリーム … 50cc
バター … ひとかけ
オリーブ油 … 少量

作り方

1．スペルト小麦はゆでておく。
2．鍋にオリーブ油とバターを入れて火にかけ、玉ネギを入れる（a）。玉ネギがチリチリとしてきたら米と1のスペルト小麦を入れ（b）、温めるようにヘラで混ぜながら炒める（c）。
3．日本酒を加えて混ぜ、ブロードを少しずつ加えながら、炊いていく（d。加えたブロードが沸騰して米がブロードを吸ってきたら、ブロードを足して混ぜる。これを繰り返しながら20〜30分）。
4．米に火が通ってきたら火を止めて、パルミジャーノ・チーズ、生クリームを加えて混ぜ合わせた後（e）、卵黄を入れて混ぜ（f）、器に盛る。

ポイント

・最初に米を油分でコーティングすることにより、その後加えるスープが染み込みすぎず、パラッと仕上がる。ただし最初にあまり炒めすぎると固くなり、その後火が入りにくいので注意する。
・ずっと混ぜ続けながら作ると、粘りが出て味を吸わなくなるので注意する。
・最後に火を止めてから、生クリームや卵黄を加えて余熱で火を通すと、しっとりと仕上がる。

ご飯・麺

カルボナーラ

軽くて食べやすいカルボナーラ。
生クリームを加えることで、よりなめらかになります。
（料理／有馬邦明）

材料（1人分）

スパゲッティ（乾燥）… 120g
A
　生クリーム（あらかじめ
　　少し煮詰めておいたもの）… 大さじ1
　パルミジャーノ・レッジャーノ・チーズ
　　（すりおろし）… 大さじ1
　卵黄 … 1個
オリーブ油 … 適量
生ハム（細切り）… 適量
玉ネギ（細切り）… 20g
塩 … 適量
黒コショウ（刻んだもの）… 適量

作り方

1. Aをボウルに入れておく。
2. フライパンにオリーブ油、生ハム、玉ネギを入れ、カリッとするまで炒める(a)。
3. 2を1のボウルに入れる(b)。
4. 1％の塩を加えた湯でスパゲッティをゆでる。湯を軽く切り、3のボウルに入れて手早く和える(c)。器に盛り、刻みコショウをふる。

ポイント

スパゲッティのゆで湯は完全に切ってしまわない（パスタの熱で卵が固まってしまうのを、ゆで汁で調整するため）。

ご飯・麺

卵だけで作る麺

軽食

朝食やブランチ、おやつにもぴったり。

フレンチトースト

卵とトマトとバジルのタルティーヌ

ご飯・麺

卵だけで作る麺

卵を細く油に流しながら揚げ、麺を作ります。ちょっとおもしろい食感です。
（料理／田村亮介）

材料（2人分）

卵 … 1個
水溶き片栗粉 … 大さじ1
サラダ油 … 適量
アサリ … 6個
A
　鶏ガラスープ … 300cc
　酒 … 大さじ3
　塩 … 小さじ1/2
　醤油 … 小さじ1/2

作り方

1. ボウルに卵を割り入れ、しっかりと溶く。水溶き片栗粉を加えて更によく混ぜる。
2. きれいなサラダ油をたっぷり鍋に入れ、120℃に熱する。1の卵液を細く注ぎながら、絶えず玉じゃくしなどで油を混ぜる（ab）。麺状になったらすぐに網で取り出す（c）。
3. 2を沸騰している湯に入れ、箸でほぐしてすぐにザルに取り出し、油抜きをする（def）。これを2回繰り返す。
4. 別鍋にAとアサリを入れ、蓋をして中火にかける。殻が開いたらアサリは取り出し、むき身にする。
5. 3の卵麺を器に盛り、4のスープを注ぎ、アサリのむき身を添える。

ポイント

・揚げる際の温度は、低すぎると卵が散ってしまい、高すぎると固くなるので注意する。
・しっかりと手早く油抜きをする。

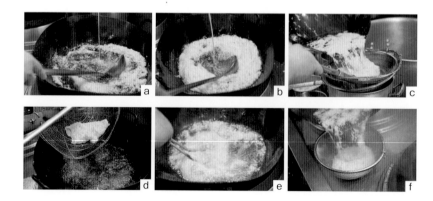

軽食

フレンチトースト

市販のバニラアイスクリームを利用して、簡単に作れます。
（料理／秋元さくら）

材料（作りやすい量）
バニラアイスクリーム（市販）… 100g
A
　卵 … 3個
　牛乳 … 300cc
　はちみつ … 大さじ2
　ラム酒 … 10cc
食パン（4枚切り）… 1斤分
＊みみを切り落とし縦半分に切る。
バター … 適量
粉糖（はちみつ）、バナナ、イチゴ、
　ブルーベリー、メープルシロップ
　（好みで）… 各適量

作り方
1. 耐熱皿にバニラアイスクリームを入れ、500Wの電子レンジに1分かけて溶かす。
2. 1とAをボウルに入れてしっかりとかき混ぜ、バットに移す。パンを並べ、30分ほど浸けておく。
3. フライパンにバターを入れて熱し、色づいてきたら汁気を軽く切った2のパンを入れ、蓋をして弱火でじっくり焼く。
4. 下の面に色がついたらひっくり返し、蓋をして3分ほど焼く。
5. 皿に盛り、好みで粉糖やはちみつをかけ、フルーツやメープルシロップを添える。

卵とトマトとバジルのタルティーヌ

ボリュームのあるゆで卵をパンにのせて焼き上げます。
食べ盛りのお子様もきっと喜んで食べてくれるでしょう。
（料理／秋元さくら）

材料（8個分）
固ゆで卵（p.45参照）… 4個
トマト … 1個
パン（スライス。縦半分に切った
　フランスパンなど好みのもの）… 8枚
A
　マヨネーズ（下記参照）… 大さじ3
　粒マスタード … 小さじ1
　牛乳 … 大さじ1/2
塩 … 適量
バジル … 1/2パック
ピザ用チーズ … 適量
パセリ（みじん切り）… 少量

作り方
1. Aを混ぜ合わせてソースを作る。
2. ゆで卵は輪切りにし、トマトは横8枚にスライスする。
3. パンにトマトをのせて軽く塩をし、バジル、チーズ、ゆで卵の順に少しずらしながらのせる（パンの長さに合わせてこれを繰り返す）。1のソースをかけてトースターで6分焼き、パセリをふる。

マヨネーズ（作りやすい量）
サラダ油 … 200cc
A
　卵黄 … 1個
　フレンチマスタード … 10g
　塩、コショウ … 各ひとつまみ
白ワインヴィネガー … 15g

ボウルにAを入れ、泡立て器でかき混ぜる。少しずつサラダ油を加えながら混ぜ、しっかり乳化させたら、白ワインヴィネガーを少しずつ加え、よく混ぜる。

軽食

焼き卵サンド

パンを焼くことで香ばしさが加わり、いつもの卵サンドが新しいおいしさに。
（料理／有馬邦明）

材料（2人分）

A
　ゆで卵 … 2個
　マヨネーズ … 大さじ4
　生クリーム … 大さじ1
　玉ネギ（みじん切り）… 大さじ1
　白ワインヴィネガー … 小さじ1/2
食パン（8枚切り）… 4枚
ニンニク（薄切り）… 4枚
オリーブ油 … 適量
グリーンピース（塩ゆでしたもの。他の
　季節の野菜やピクルスなどでもよい）
　　… 適量

作り方

1. ゆで卵をほぐしてボウルに入れ、他の**A**の材料を加えて混ぜる。
2. 食パンはみみを切り落とす。
3. 2のパンの中央に、横長に1をのせ、2つに折る。端を合わせてくっつける。
4. フライパンにオリーブ油をひいて3とニンニクを入れ、ときどき裏返しながら表面を焼く。最後にグリル版で焼き目をつける（焼いてから食べやすい大きさに切り分けてもよい）。
5. 器に盛り、グリーンピースなどの青味を添える。

卵のキッシュ

定番のキッシュですが、卵をこんなふうにのせて焼くと、
おいしくて見た目も楽しく仕上がります。
（料理／秋元さくら）

材料（直径21cmの型1台分）

冷凍パイシート（市販）… 2枚
ベーコン（短冊切り）… スライス2枚分
玉ネギ（薄切り）… 1個分
サラダ油 … 適量
固ゆで卵（p.45参照）… 3個
アパレイユ
　生クリーム … 200cc
　牛乳 … 200cc
　ナツメグ … 少量
　塩 … 4g
　卵 … 160g
　パルミジャーノ・レッジャーノ・チーズ
　　（すりおろし）… 15g

作り方

1. 型にバター（分量外）を塗り、パイシートを敷き込む（長さが足りないところは麺棒でのばし、完全に型を覆うようにする）。
2. 生地にフォークで穴を開けてタルトストーンをのせ、200℃のオーブンで20〜25分ほど下焼きする。
3. フライパンにサラダ油をひいてベーコンを軽く炒め、玉ネギを加える。軽く塩（分量外）をし、玉ネギが茶色く色づくまでじっくり炒める。
4. 3を2に詰める。
5. アパレイユの材料を混ぜ合わせて鍋に入れ、火にかけて、とろみが出るまで温める。
6. 5を4に流す。5mm厚さにスライスしたゆで卵を上に並べ、200℃のオーブンで15〜20分ほど焼く。冷めてから切り分ける。

ポイント

切り分けた後、電子レンジなどでもう一度温めて食べるとよい。好みでパセリをふっても。

軽食

ハムと卵のガレット

フランスを代表するそば粉の料理。のせる食材を選ばないので、
余りものを気軽に利用することもできます。ハムと卵は定番で最高の組み合わせです。
（料理／秋元さくら）

材料（4枚分）

トマト … 2個
ハム（半分に切ったもの）… 16枚
卵（常温に戻しておく）… 4個
イタリアンパセリ（粗く刻む）… 少量
塩 … 適量
オリーブ油 … 小さじ1
ガレット生地
　そば粉 … 80g
　薄力粉 … 20g
　塩 … 少量
　卵 … 3個
　バター … 25g
　牛乳 … 100cc
　水 … 100cc

作り方

1. トマトは皮を湯むきし、5mm角に切る。ボウルに入れ、塩とオリーブ油、イタリアンパセリを加え、乳化するように混ぜる。
2. そば粉のガレットを作る。ボウルにそば粉、薄力粉、塩を合わせ、溶いた卵を入れて泡立て器で混ぜ合わせる。
3. バターをフライパンで熱し、茶色く色づいてきたら2に加え、牛乳と水も入れて再び混ぜて生地を作る。30分以上やすませておく。
4. 大きめのフライパンにバター（分量外）を入れて色づくまで熱し、3の生地を1/4量流し、フライパンを傾けて薄く広げて焼く。中央に割り出した卵を1つのせ、まわりに半分に切ったハムを4枚のせる（a）。フライパンに蓋をして4分弱火で焼く。
5. まな板に取り出し、生地のまわりを四方から折り曲げる（b）。器に盛り、1のソースをかける。＊残りの3枚も同様に作る。

a

b

春巻き卵ピッツァ

春巻きの皮を利用した、
簡単ピッツァです。
トマトソースをひく前に軽く
下焼きしておくと、穴が開きづらく
安心です（オーブントースターで
作る場合は特に）。
（料理／有馬邦明）

材料（作りやすい量）

春巻きの皮 … 2枚
卵 … 1個
オリーブ油 … 少量
パルミジャーノ・レッジャーノ・チーズ
　（すりおろし）… 大さじ2
モッツァレッラ・チーズ（他の溶ける
　タイプのチーズでもよい）… 50g
トマトソース（下記参照）… 大さじ3
イタリアンパセリ（粗みじん切り）… 適量

作り方

1. パイ皿など、縁の少し高くなった耐熱皿に、春巻きの皮を1枚敷き、オリーブ油、パルミジャーノ・チーズ大さじ1をふる。春巻きの皮をもう1枚、角が重ならないように重ねてのせ、オリーブ油をふり、温めたトマトソースをひく。
2. 1の中央に卵を割り落とし、モッツァレッラ・チーズを散らしてのせ、パルミジャーノ・チーズ大さじ1をふり、180〜200℃のオーブン（またはオーブントースター）で、春巻きの皮に薄っすらと色がつくまで焼く。イタリアンパセリを散らす。

トマトソース（作りやすい量）

トマト（赤く、実のしっかりとしたもの）… 1kg
ニンニク（つぶす）… 1/2粒
玉ネギ（みじん切り）… 薄切り3〜4枚分
赤トウガラシ（または粉トウガラシ）… 少量
オリーブ油 … 大さじ1
塩 … 2つまみ

1　鍋にオリーブ油とニンニクを合わせて弱火で炒める。玉ネギを入れて火を少し強め、素揚げするように水分をとばす。
2　1に半分に切ったトマトを入れ、中火〜弱火でゆっくり炊く。
3　ちぎった赤トウガラシと塩を加える。5分ほど煮込み、水分がある程度蒸発したらでき上がり。

生ハムとルコラのクレープ

薄いパンケーキのような卵入りの生地で、さまざまな具材を巻いて食べます。
生地は作りおきできるので、前日に準備しておいても。

（料理／有馬邦明）

材料（5〜6人分）

生地（5〜6枚分）
- 卵 … 1個
- 牛乳 … 80cc
- 小麦粉 … 大さじ2
- 塩 … 少量

生ハム … 適量
ルコラ … 適量

菜の花のグリーンソース（作りやすい量）
- 菜の花 … 1把
- ニンニク … 1/2粒
- アンチョビ … 1枚
- オリーブ油 … 150cc
- 粉トウガラシ … 少量
- パン粉（好みで）… 適量
- ＊合わせてミキサーにかけ、ピューレ状にする。

パルミジャーノ・レッジャーノ・チーズ（すりおろし）… 適量

作り方

1. 生地の材料をボウルでよく混ぜ合わせ、10分ほどねかせておく。
2. テフロン加工のフライパンを火にかけ、温まったら弱火にして1の生地を薄く流す。下の面が固まったら裏返して焼き、皿に取り出しておく。
3. 2のクレープを広げ、手前側に生ハムとルコラを横長にのせ、菜の花のグリーンソースを適量のせ、パルミジャーノ・チーズをふる。手前からクレープで巻いていく。

ポイント

- 生地の材料を混ぜ合わせて少しおくと粉が沈殿するので、焼く前にかき混ぜてからフライパンに流す。
- 低温でゆっくり丁寧に焼く。
- 菜の花のグリーンソースの代わりにマヨネーズなどを使ってもよい。

軽食

チーズのスフレ ソーストマト

卵とチーズを合わせた、
濃厚でコクのあるスフレです。
時間が経つとしぼんでしまうので、
でき上がったら早めに食べてください。
（料理／秋元さくら）

材料（直径9cm、高さ5cmのココット型6個分）

ピザ用チーズ … 150g

A
| 卵黄 … 3個
| 薄力粉 … 30g

B
| 牛乳 … 100cc
| バター … 60g
| ナツメグ … ひとつまみ

C
| 卵白 … 200g
| 塩 … 5g

フレッシュトマトソース
| トマト（粗く刻む）… 2個分
| 玉ネギ（みじん切り）… 15g
| オリーブ油 … 大さじ1
| 塩、コショウ … 各適量

作り方

1. フレッシュトマトソースを作る。オリーブ油を熱したフライパンに玉ネギを入れて炒め、トマトを加え、半量になるまで煮る。塩、コショウで味を調える。
2. ピザ用チーズはできるだけ細かいみじん切りにする。
3. ボウルにAの卵黄と薄力粉を入れ、泡立て器でむらなく混ぜる。
4. Bを鍋に合わせて沸かし、3に一気に入れて泡立て器でよく混ぜる。
5. 4に2のチーズを加え、ボウルを湯煎にあてて温めながら混ぜる。
6. メレンゲを作る。Cの卵白に塩を入れ、ツノが立つまで完全に泡立てる。
7. 5に6のメレンゲを加え、さっくり混ぜ合わせる。
8. ココット型に1のフレッシュトマトソースを入れ、7の生地をいっぱいに流し込み、表面を平らにする。型の縁の内側を親指でなぞり、この部分の生地を型から離しておく（a。生地が上がりやすくなる）。
9. 220℃のオーブンで15分ほど焼く。

軽食

牡蠣とバジルの台湾屋台風卵焼き

おなじみの台湾屋台料理。台湾の人たちは、このモチモチした食感が大好き。メニューなどには、モチモチ度合いをアルファベットの"Q"の数で表わします。
（料理／田村亮介）

材料（2人分）

牡蠣（むき身。水洗いして汚れを取る）
　…6粒
バジル（粗みじん切り）…6枚分
キャベツ（3cmほどのざく切り）…30g
卵…1個
生地
　薄力粉…5g
　片栗粉…20g
　水…80cc
　塩…少量
サラダ油…少量
ソース
　A
　　梅干し（種を取りみじん切り）
　　　…2個分
　　ケチャップ…大さじ2
　　水…100cc
　　砂糖…大さじ1
　　醤油…小さじ1
　水溶き片栗粉…大さじ1

作り方

1. 生地の材料を混ぜ合わせ、バジルを加える。
2. フライパンにサラダ油をひき、牡蠣を入れて両面を焼く。キャベツを加えて更に焼く。1の生地をフライパン全体にまわし入れる（a）。生地に火が入ってきたら、溶いた卵を注ぎ入れる（b）。
3. 卵にも火が入ってきたら裏返す（一度皿に取り出し、フライパンをかぶせてひっくり返してもよい。cd）。両面とも香ばしく焼けたら器に盛る。
4. Aを鍋に入れて沸騰させ、水溶き片栗粉でとろみをつけてソースを作り、3の上からかける。

スープ・汁物

熱を加えると簡単に固まる性質は、
汁物にも活かされます。
ただしこれも、加熱のしすぎには注意です。

卵とトマトの酸辣湯（サンラータン）

トマトを加えると自然な酸味が加わり、おいしさアップ！
卵でまとめてまろやかに。
（料理／田村亮介）

材料（2人分）

- トマト … 1/2個
- ホウレン草 … 20g
- 卵 … 1個
- 鶏ガラスープ … 400cc
- 塩 … 小さじ1/4
- 醤油 … 大さじ1½
- コショウ … 小さじ1/2
- 水溶き片栗粉 … 大さじ1
- 米酢 … 大さじ3

作り方

1. トマトは皮を湯むきし、くし形に切る。ホウレン草はざく切りにする。卵は溶いておく。
2. 鍋に鶏ガラスープ、トマト、ホウレン草、塩、醤油、コショウを入れて沸騰させる。
3. 2に水溶き片栗粉を加えてとろみをつけ、沸騰している状態で溶き卵を細くまわし入れてふわっと卵に火を入れる。米酢を加えて器に注ぐ。

ポイント

卵を加えるときは、混ぜすぎないよう注意。

スープ・汁物

卵と焼き海苔の月見スープ

十五夜のお月見をイメージしたスープです。
（料理／田村亮介）

材料（2人分）

焼き海苔 … 1枚
卵 … 2個
干しエビ … 3g
鶏ガラスープ … 400cc
塩 … 小さじ1/2
醤油 … 小さじ1/2

作り方

1. 焼き海苔を細かくちぎり、鶏ガラスープに入れて5分ほどおき、やわらかくする。
2. 鍋に1と干しエビ、塩、醤油を入れて火にかける。沸騰したら卵を割り入れ、弱火にする。卵にゆっくり火を入れ、まわりが白くなったら器に盛る。

巣ごもり卵スープ

残りもののスープにパンと卵黄をプラスするだけで、おいしくて
栄養のバランスもいい一品に。簡単なので、忙しい朝にもぴったりです。
(料理／有馬邦明)

材料 (1人分)

野菜スープ (ミネストローネ)＊ … 適量
　＊ブロード (鶏ガラスープでよい) に好み
　の野菜を入れて煮込み、味を調えたもの。
パン … 適量
卵黄 … 1個
オリーブ油 … 適量

作り方

1. 野菜スープ (本来は前日に作って余ったスープで作る) にちぎったパンを入れ、とろとろに煮込んでパンがゆにしておく。
2. 蓋のできる耐熱の器に1を入れ、中央に卵黄を落として蓋をし、160〜180℃のオーブン (またはオーブントースター) に入れる。卵に火が入ればでき上がり。仕上がりにオリーブ油をまわしかける。

ポイント

オーブンに入れずに直火にかけて作ってもよい。その場合は、卵に火が入りすぎないよう注意する。

スープ・汁物

ストラッチャテッラ（イタリア風かき玉スープ）

チーズの風味がほんのり加わった、やさしい味わいの卵スープです。
（料理／有馬邦明）

材料（2人分）

卵 … 3個
パルミジャーノ・レッジャーノ・チーズ
　（すりおろし）… 大さじ4
パン粉 … 大さじ4
ブロード（鶏ガラスープや
　野菜のコンソメでよい）… 500cc
イタリアンパセリ（粗みじん切り）… 少量
オリーブ油 … 適量

作り方

1. ボウルに卵を溶きほぐし、パルミジャーノ・チーズとパン粉を加えて泡立て器でよく混ぜる（a）。
2. ブロードを鍋で温め、1に注いで混ぜる（b）。
3. 2を鍋に戻し、弱火で静かに熱する。
4. 卵が固まってきたら、ほぐすように泡立て器でかき混ぜる（c）。イタリアンパセリとオリーブ油を加えて器に盛る。

ポイント

- 卵、チーズ、パン粉をよく混ぜ合わせておくことにより、ホロホロに仕上がる。
- 固まる前にあまり混ぜるとスープが濁るので、固まってくるまでできるだけ動かさない。

a

b

c

錦糸玉子汁

澄んだ汁に、卵がふわっと漂うように仕上げるのが理想です。
（料理／野﨑洋光）

材料（2人分）

卵 … 1個
ミツバ … 6本（3本ずつ結んでおく）
A
　だし汁 … 300cc
　薄口醤油 … 12cc
　酒 … 5cc

作り方

1. ボウルに卵を溶きほぐす。
2. 鍋にAを合わせて沸かす。沸いたら火を弱め（80〜90℃に保つ）、鍋の中の汁を軽くまわし、1を少しずつ流し入れていく（汁が濁らないように）。最後にミツバを加え、火を止めて器に盛る。

ポイント

グツグツ煮立てても、逆にあまり温度が低すぎても濁ってしまう。また、あまり火を入れすぎると卵が固くなるので注意。

スープ・汁物

かぼちゃのスープ

卵黄を加えることにより、濃厚なスープに。
（料理／有馬邦明）

材料（作りやすい量）

カボチャ … 1/2個
玉ネギ（薄切り）… 1/2個分
牛乳 … 300cc
ブロード（鶏ガラスープでよい）… 300cc
卵黄 … 1個
オリーブ油 … 適量
イタリアンパセリ（粗みじん切り）… 適量
塩 … 適量

作り方

1. 玉ネギは、水分をとばすようにオリーブ油で炒める（しんなりするまで）。
2. カボチャは皮をむき、種を取り、適宜の大きさに切る。
3. 鍋に1と2、牛乳、ブロードを合わせて火にかけ、カボチャがやわらかくなるまで煮る。
4. 3から飾り用のカボチャを少量取り出し、残りはすべてハンドブレンダーなどでつぶす。
5. 4の火を止めて塩で味を調え、仕上げに卵黄を加えてよく混ぜ、器に盛る。取りおいたカボチャを入れ、オリーブ油をまわしかけ、イタリアンパセリをのせる。

ポイント

- 卵黄は固まりやすいので、必ず火を止めてから加え、よく混ぜる。
- カボチャの甘みが足りなければ、はちみつを少量加えるとよい。

卵のパイ包みスープ
カルボナーラ仕立て

オーブンで加熱する間に
ほんのり火が入ったとろとろの卵と、
カリカリのパイ。中のクルトンとともに、
食感の楽しいスープです。
（料理／秋元さくら）

材料（コーヒーカップ6個分）

冷凍パイシート（市販）… 2枚
食パン … 1枚
玉ネギ（薄切り）… 1/4個分
ベーコン（小さい長方形に切る）… 80g
オリーブ油 … 適量
A
　牛乳 … 400g
　パルミジャーノ・レッジャーノ・チーズ
　（すりおろし）… 30g
卵（全卵）… 1個
卵黄 … 6個
卵黄（塗り卵用）… 1個
塩、黒コショウ … 各適量

作り方

1. 冷凍パイシートを常温に戻し、コーヒーカップよりひとまわり大きく切り、冷蔵庫に入れておく。
2. クルトンを作る。パンを8×8の64等分に切る。フライパンに入れ、オリーブ油をまわし入れて火にかけ、キツネ色になるまで焼いたら、クッキングペーパーに取り出して油を切る。
3. 玉ネギはオリーブ油をひいたフライパンに入れて弱火で焼き、塩を2つまみ加え、色が変わってきたら一度取り出す。
4. 3のフライパンにベーコンを入れ、中火〜強火でこんがり焼く。
5. 4に3の玉ネギとAを入れて温める。しっかり温まったら火を消し、溶いた卵（全卵）、黒コショウを加えて軽く混ぜ合わせる。
6. コーヒーカップに5を入れ、卵黄を1つずつ入れ、カップの縁に塗り卵用の卵黄を薄く塗り、1のパイ生地を1枚ずつかぶせる。パイ生地にも薄く卵黄を塗る。
7. 200℃のオーブンで15分焼いてようすを見る。表面に焼き色がついたら完成。食べるときにパイを崩してスープに落とし、混ぜて食べる。

スープ・汁物

梅椀

梅椀とは、5種類の椀種が入った椀盛りのこと。
梅の花の花びらが5枚あるところからの名です。ここで使用した吹き寄せ卵は、
一見だし巻き卵のように見えますが、油を使わずに作ります。
汁に油を浮かせたくない椀物や鍋物の具材として重宝します。
（料理／野崎洋光）

材料（4人分）

卵 … 2個
鯛（切り身） … 30g×4切れ
シイタケ … 4個
ニンジン … 6cm
タケノコ（ゆでたもの） … 1本
芽カブ（掃除してゆでたもの） … 4本
塩 … 適量
A
　だし汁 … 600cc
　薄口醤油 … 25cc
　酒 … 12cc
柚子皮 … 適量

作り方

1. 吹き寄せ卵を作る。バットにまきすを広げて上にガーゼを敷いておく。
2. 鍋に水と1％の塩を加えて沸かし、火を弱め（75℃ほどに温度を保つ）、溶いた卵を丸く流し入れる（a）。固まってきたら（b）網じゃくしですくい、1の上にのせる（c）。まきすで棒状に形を整え（def）、そのまままきすで巻いておく（冷めれば固まる）。
3. 鯛の切り身に塩をして20分おき、水で洗い、水気をふき、オーブンで焼き上げる。
4. シイタケは軸を切り落とす。ニンジンは1.5cm厚さの輪切りにし、梅形に包丁する。タケノコはくし形に切る。すべてAと同じ吸い地（分量外）で下煮しておく。
5. 鍋にAを合わせて温める。
6. 食べやすい厚さに切った2と、3の鯛、4の材料を器に盛り、5の汁を注ぎ、芽カブと柚子皮を添える。

デザート

卵を使ったお菓子やデザートは数多くありますが、ここでは、より卵らしさが活かされたものをご紹介します。

デザート

濃厚プリン

卵黄の割合を高くし、生クリームをたっぷり加えて作るプリンです。
（料理／有馬邦明）

材料（口の直径5㎝、高さ3㎝のプリン型10個分）

プリン

| 生クリーム … 250㏄
| 牛乳 … 250㏄
| グラニュー糖 … 60g
| 卵黄 … 4個
| 全卵 … 2個
| バニラ棒 … 1/2本
| 塩 … 少量

カラメル

| グラニュー糖 … 100g

作り方

1. カラメルを作る。鍋にグラニュー糖を入れて中火にかけ、色づいてきたら溶かすように混ぜる。カラメル状になったら熱いうちにプリン型の底に敷いておく。
2. プリンの材料をすべてよく混ぜ合わせ（泡立てないように）、漉し器で漉す。
3. 1のカラメルが完全に固まったら、2を注ぎ、天板やバットにのせてアルミホイルをかぶせる。天板に湯をはり、80〜90℃のオーブンで2時間、湯煎焼きにする。
4. 粗熱がとれたら（好みで冷蔵庫で冷やしてもよい）型から取り出し、器に盛る。

ポイント

• 卵液を混ぜる際には、空気が入らないようにする。
• ゆっくり時間をかけて湯煎焼きにする。

129

デザート

リコッタチーズのプリン

卵、プルーン、生姜の蒸しプリン

デザート

簡単！エッグタルト

131

デザート

リコッタチーズのプリン

リコッタチーズを入れることで、プリンに贅沢なコクが加わります。
大人も大好きなリッチなデザートです。
（料理／秋元さくら）

材料（口の直径7.5cm、高さ6cmのプリン型5個分）

牛乳 … 350cc
砂糖 … 75g
卵 … 3個
リコッタチーズ … 180g
カラメル
| A
| 　砂糖 … 60g
| 　水 … 大さじ1
| 　熱湯 … 大さじ2
ミント … 適量

作り方

1. カラメルを作る。鍋にAを入れて強火で熱し、好みの色になったら熱湯を加える（はねるので注意する）。プリン型に少しずつ入れておく。
2. プリンを作る。牛乳と砂糖を鍋に入れ、人肌に温める。
3. ボウルに卵を入れ、泡立て器で混ぜる。リコッタチーズを加えて更に混ぜ、2を加える。
4. 3を1に入れる。バットに並べ、バットに湯をはり、180℃のオーブンで30〜40分湯煎焼きする。冷めたら型から取り出して器に盛り、ミントを添える。

卵、プルーン、生姜の蒸しプリン

プルーンと生姜の風味をきかせたプリン。
温かいままでも、冷蔵庫で冷やしてもおいしく食べられます。
（料理／田村亮介）

材料（4個分）

卵 … 2個
A
| プルーン（ドライ。種を取る）… 4個
| 黒蜜 … 60g
| 生姜（薄切り）… 30g
| 水 … 500cc

作り方

1. Aを小鍋に合わせて火にかけ、沸騰したら弱火にし、30分ほど煮て半量に煮詰める。生姜だけ取り除く。
2. 1が冷めたらすべてミキサーにかけ、ペースト状にする。卵を加えてよく混ぜて漉す。
3. カップなどに流し入れてラップフィルムをかけ、蒸気の上がった蒸し器に入れて10分ほど蒸す。
＊写真は、蒸し上がったものに1と同じプルーン（分量外）を飾ったもの。

デザート

簡単！エッグタルト

エッグタルトはおいしいけれど、生地作りがめんどう、
という方のために考えました。食パンを利用すれば、すぐに作れます。
（料理／田村亮介）

材料（8切れ分）

エッグ餡
| 卵 … 80g
| 生クリーム … 40g
| 砂糖 … 40g
| ぬるま湯 … 80cc
食パン（8枚切り）… 2枚
バター … 適量

作り方

1. エッグ餡を作る。砂糖をぬるま湯で溶かしておき、卵と生クリームを加えてよく混ぜる。
2. 食パンを麺棒などでのばし、溶かしたバターを表面に塗る。
3. アルミホイルをお椀形に成形し、2の食パンをはめる。140℃のオーブンで20分ほど焼く。
4. 3のくぼみに1のエッグ餡を注ぎ入れ、180℃のオーブンで5分焼いた後、アルミホイルなどで蓋をして、更に15分焼いて取り出す。
5. 粗熱がとれたら好みの大きさに切る。

デザート

お米のタルト

デザート

バニラアイス
温かい卵とココナッツのソース

メレンゲ

デザート

お米のタルト

卵黄入りの、ほんのり甘いお米のミルク煮で作るタルト。
素朴なイタリアのデザートです。

(料理/有馬邦明)

材料（作りやすい量）

タルト生地（作りやすい量）
- 無塩バター … 150g
- 黒糖パウダー … 90g
- グラニュー糖 … 90g
- 卵 … 50g
- アーモンドパウダー … 40g
- 薄力粉 … 250g

＊アーモンドパウダーと薄力粉は合わせておく。室温に戻したバターをボウルに入れて、黒糖とグラニュー糖を加えながら練り混ぜる。卵、アーモンドパウダーと薄力粉を加えてこねる。冷蔵庫で冷やしておく。

米のミルク煮
- 米 … 1カップ
- 卵黄 … 3個
- 牛乳 … 250～350g
- グラニュー糖 … 80g
- レモンの皮 … 1枚
- バニラ棒 … 1/2本

パルミジャーノ・レッジャーノ・チーズ
（すりおろし）… 適量

作り方

1. 米のミルク煮を作る。鍋に米と牛乳250cc、レモンの皮、バニラ棒を合わせて火にかける。牛乳が少なくなったら足しながら、米がやわらかくなるまで炊く(a)。レモンの皮とバニラ棒を取り除き、グラニュー糖を加えてよく混ぜる(b)。グラニュー糖がなじんだら火を止め、粗熱がとれたら卵黄を入れて混ぜる(cd)。
2. タルト生地をラップフィルムで挟んで麺棒でのばし、タルト型に敷き込んで密着させる。
3. 2に1をしっかり詰めて(e)、パルミジャーノ・チーズをふり(f)、160℃のオーブンに入れ、30分ほど焼く。

ポイント

米のミルク煮は、最初からグラニュー糖を入れて炊くと米が固くなるので注意する。

バニラアイス　温かい卵とココナッツのソース

濃厚な卵のソースで、市販のバニラアイスが高級感のあるデザートに。
（料理／田村亮介）

材料（4人分）

A
　無塩バター（溶かす）… 40g
　砂糖 … 50g
　卵 … 100g
　ココナッツミルク … 60g
　牛乳 … 40cc
B
　コーンスターチ … 大さじ2
　水 … 大さじ2
バニラアイスクリーム（市販）… 適量

作り方

1. Bを合わせておく。
2. Aを鍋に入れ、弱火で卵にゆっくり火を入れる。その間、焦げないように絶えずヘラなどで底から混ぜる。卵に火が入り香りが出てきたら、1を細く注ぎながらとろみをつける。好みのとろみがつけば漉す。
3. バニラアイスクリームを器に盛り、温かい2のソースをかける。

メレンゲ

カリカリとした軽い食感が魅力です。
そのまま食べても、コーヒーやアイスクリームに入れてもOK。
（料理／有馬邦明）

材料（作りやすい量）

卵白 … 100g
　グラニュー糖 … 70g
　粉糖 … 100g

作り方

1. 卵白をボウルに入れて泡立て器で泡立てはじめ、途中でグラニュー糖を少しずつ加えながら、しっかり泡立てる。八分立てほどになってきたら、粉糖を加えて十分立てにする。
2. 1を絞り袋に入れ、オーブンシートを敷いた天板に絞り、90℃のオーブンで5時間焼く。

ポイント
- 卵白を立てる際、艶が出て、ツノが立つまでしっかり立てる。
- 低温でゆっくり時間をかけて焼く。
- 焼き上がったメレンゲに、好みでカカオパウダーをふったり、間にジャムなどを挟んで2つを合わせたりしてもよい。
- 湿気やすいので、乾燥剤を入れた保存容器に入れるなどし、早めに食べる。

デザート

卵白クッキー

デザート

黒豆金純(きんとん)

チーズケーキ

139

デザート

卵白クッキー

卵白で作る、軽いクッキー。アイスクリームに添えるなど、いろいろな使い方ができます。
（料理／有馬邦明）

材料（作りやすい量）

粉糖 … 90g
小麦粉 … 75g
卵白 … 3個分（120g）
レモンの皮（すりおろし）… 適量
無塩バター（溶かす）… 90g
塩（好みで）… 少量

作り方

1. すべての材料をボウルに合わせ、泡立て器でよく混ぜ合わせる（ab）。なじんだら、冷蔵庫で30分やすませる。
2. 天板に敷いたシルパッドに、1の生地をスプーンで適量ずつ置いて、指で薄くのばす（cde）。
3. 160℃のオーブンで3〜5分焼く（f。縁が薄く色づくまで）。温かいうちに麺棒にのせて乾かし、形作る（g）。乾いたら、粉糖（分量外）をふる。

ポイント

- 生地を薄くのばすときは、指を水で塗らすとのばしやすい。
- 湿気やすいので、早いうちに食べる。

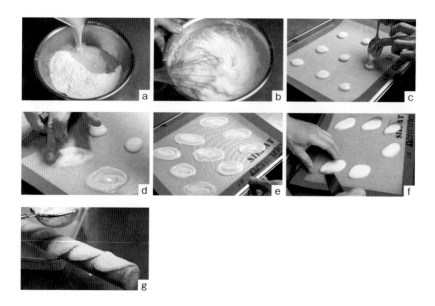

デザート

黒豆金純(きんとん)

ゆで卵の黄身に甘みを加えれば、
それだけでおいしいデザートになります。
（料理／野崎洋光）

材料（4個分）

ゆで卵の黄身 … 5個（80g）
A
　水 … 50cc
　砂糖 … 25g
塩 … ひとつまみ
黒豆の蜜煮 … 16粒

作り方

1. ゆで卵の黄身は、裏漉し器で裏漉す。
2. 鍋に**A**を合わせて火にかけ、蜜を作っておく。
3. 鍋に1の黄身、2の蜜、塩を合わせて火にかけて練る。水分が減ってなじんだら、バットに移して冷ましておく。
4. 3を20gずつ取って丸め、黒豆の蜜煮4個を入れて、塗らしたガーゼで包んで茶巾絞りにする。

チーズケーキ

p.61のチーズ豆腐のデザート版。黒蜜がよく合います。
（料理／野崎洋光）

材料（12×15cmの流し缶1枚分）

A
　クリームチーズ … 150g
　卵 … 3個
　砂糖 … 60g
　はちみつ … 大さじ1½
　牛乳 … 250cc
黒蜜 … 適量
わさびの葉（大葉などでもよい）… 少量

作り方

1. クリームチーズは常温に戻してやわらかくしておく。
2. ボウルに**A**の材料をすべて入れて混ぜ合わせ、すいのうで漉す。
3. 流し缶に2を流し入れ、蒸気の上がった蒸し器に入れて蓋をし、強火で3分蒸し、蒸し器の蓋に菜箸などを挟んで隙間を作り、弱火にして更に20分蒸す。粗熱をとり、冷蔵庫で冷やしておく。
4. 3を食べやすい大きさに切り分けて器に盛り、黒蜜をかけ、わさびの葉を散らす。

ポイント

少し苦みのある葉を合わせると、味にメリハリがついておいしい。

野﨑洋光（のざき ひろみつ）

1953年、福島県石川郡古殿町生まれ。武蔵野栄養専門学校を卒業後、「東京グランドホテル」の和食部に入社。5年の修業を経て「八芳園」に入社する。1980年、東京・西麻布「とく山」の料理長に就任。1989年「分とく山」を開店し、総料理長となる。2003年、南麻布に移転し、現在に至る。テレビや雑誌にも多数登場し、著書も多数。古くからの日本の食文化にも造詣が深い。日本料理の伝統を守りつつ、常に時代に即した新しい調理技法を日々追求している。著書に『完全理解　日本料理の基礎技術』『日本料理　味つけ便利帳』『野﨑さんのおいしいかさ増しダイエットレシピ』『日本料理　前菜と組肴』（すべて柴田書店刊）他がある。

【 分とく山 】
東京都港区南麻布 5-1-5
TEL 03-5789-3838

秋元さくら（あきもと さくら）

1980年福井県生まれ。大学卒業後、大手航空会社に勤め、調理師学校に入学。東京・新宿の「モンドカフェ」で修業を積み、「オー・ギャマン・ド・トキオ」の木下威征氏に師事したのち独立する。2009年、ソムリエである夫とともに、目黒でフランス家庭料理レストラン「モルソー」(morceau)をオープン。やさしい味わいと心地よいサーヴィスが評判を呼び、満席が続く人気店となる。白金の「スパ白金」内のカジュアルフレンチレストラン「ユトリロ」もプロデュース。雑誌掲載、テレビ出演多数。著書に『もてなし上手のサラダ・レシピ』（SBクリエイティブ刊）他がある。

【 モルソー 】
東京都品川区上大崎 2-18-25-101
TEL 03-3491-1646

有馬邦明（ありま くにあき）

1972年、大阪府生まれ。調理師学校卒業後、1996年に渡伊。ロンバルディアやトスカーナで2年間修業を積む。帰国後、東京や千葉のイタリア料理店でシェフを務め、2002年東京・門前仲町に「パッソ ア パッソ」をオープン。人情味あふれる下町を愛し、町内会の神輿も担ぐ。旬の食材を求めて全国を駆け回り、生産者の思いを聞く。また、米作りには自らも携わる。素材にとことんこだわり、季節の味を最大限に活かす料理が人気を集める。

【 パッソ ア パッソ 】
東京都江東区深川2-6-1　アワーズビル1F
TEL　03-5245-8645

田村亮介（たむら りょうすけ）

1977年東京生まれ。高校卒業後、調理師専門学校に進学。卒業後、中国料理の道に入る。広東名菜「翠香園」（神奈川・横浜中華街）、「華湘」（東京・池袋）で修業を積み、2000年、「麻布長江」（東京・西麻布）に入社する。2005年、かねてから念願だった台湾に渡り、四川料理店、精進料理店で本場の中国料理を肌で学び、研鑽を積む。2006年に帰国し、「麻布長江　香福筵」料理長に就任。2009年に同店のオーナーシェフとなる。

【 麻布長江　香福筵 】
東京都港区西麻布1-13-14
ＴＥＬ　03-3796-7835

使えるたまごレシピ

— ふわふわ、トロトロ、つるり、しっとり。
おつまみからデザートまで和・洋・中114品 —

初版印刷　2016 年 6 月 20 日
初版発行　2016 年 7 月 1 日

著者Ⓒ　　野﨑洋光（のざき ひろみつ）
　　　　　秋元さくら（あきもと さくら）
　　　　　有馬邦明（ありま くにあき）
　　　　　田村亮介（たむら りょうすけ）

発行者　　土肥大介

発行所　　株式会社柴田書店
　　　　　東京都文京区湯島 3-26-9　イヤサカビル　〒 113-8477
　　　　　電話　営業部　　　03-5816-8282（注文・問合せ）
　　　　　　　　書籍編集部 03-5816-8260
　　　　　URL　http://www.shibatashoten.co.jp

印刷・製本　図書印刷株式会社

本書掲載内容の無断掲載・複写（コピー）・引用・データ配信等の行為は固く禁じます。
乱丁・落丁本はお取替えいたします。

ISBN978-4-388-06235-5
Printed in Japan